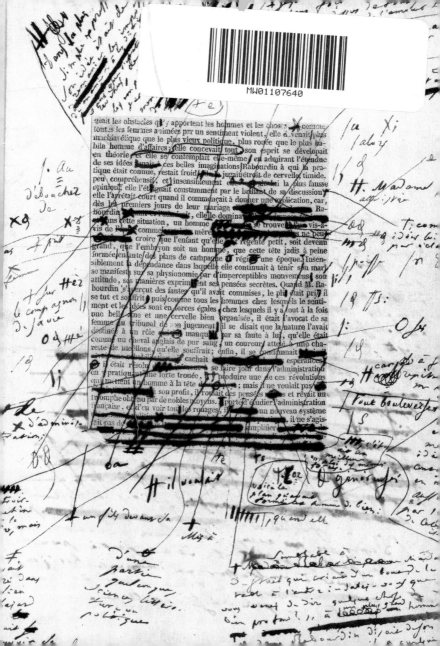

qait les obstacles qu'y apportent les hommes et les choses... comme
toutes les femmes animées par un sentiment violent, elle à... plus
machiavélique que le plus vieux politique, plus rouée que le plus habile homme d'affaires; elle concevait tout... son esprit se développait
en théorie, et elle se contemplait elle-même, en admirant l'étendue
de ses idées... ces belles imaginations Rabourdin à qui la pratique était connue, restait froid... jugeait étroit de cervelle, timide,
peu compréhensif, et insensiblement... l'éteignait constamment par le brillant de sa discussion;
elle l'arrêtait court quand il commençait à donner une explication, car,
dès les premiers jours de leur mariage... Ra-
bourdin... elle le dominai...
... cette situation, un homme... se trouve... vis-à-
vis de... comme... mère... ne peu-
croire que l'enfant qu'elle a regenté petit, soit devenu
grand, que l'embryon soit un homme, que cette tête jadis à peine
formée enfante des plans de campagne... régenté une époque. Insensiblement la dépendance dans laquelle elle le continuait à tenir son mari
se manifesta sur sa physionomie par d'imperceptibles mouvements, son
attitude, ses manières exprimaient ses pensées secrètes. Quand M. Rabourdin s'aperçut des fautes qu'il avait commises, le pli était pris; il
se tut et souffrit; puis, comme tous les hommes chez lesquels le sentiment et les idées sont en forces égales; chez lesquels il y a tout à la fois
une belle âme et une cervelle bien organisée, il était l'avocat de sa
femme au tribunal de son jugement... il se disait que la nature l'avait
destinée à un rôle... manqué par sa faute à lui; qu'elle était
comme un cheval anglais de pur sang... un coureur attelé à une cha-
rette de moellons, qu'elle souffrait; enfin, il se condamnait...
... cachait... espérances
... il était résolu... faire jour dans l'administration
en y pratiquant une forte trouée... produire une de ces révolutions
qui mettent un homme à la tête... ; mais il ne voulait pas...
... son profit, il rêvait des pensées... se rêvait un
triomphe obtenu par de nobles moyens... portent étudier l'administration
française, et d'en voir tous les rouages, il... un nouveau système
... il ne s'agis-
... simplifier ...

Dominante® Manu Ritbon
Sᵗᵉ Charlotte
199-167

Dominante® le soleil est revenu CASH
S. Frédéric
200-166

Dominante® Accueil
H30
S. Arsène
201-165

Dominante® Colette
Rˢᵗᵉ Ma
202

8   8   8   8
10°C
à 7ʰ du mat.
9   9   9   R
10   10   10   10
11   11   11

19   19   20   20   rentrée déchire avec ça
20   30 à la fa   à 10H15
mais ça tout Agnès Bruno
21   21
Dominante
Dimanche 23
(07) JUILLET
Sᵗᵉ Brigitte
205-161

FÊTE NATIONALE(R)

TÉLÉPHONER

Escalade
av -8 ou 5
à la graille
av. Philippe
d'avr?sion!

Je me la donne
carie
bien faire.

Il faut q. je doi. et tire le
phto de Jenn av. Jeudi

call Gaëtan

Jenny

récup - bouquin

VOIR - FAIRE

87 le corps At
anatomie

Réunion
puis égt

Zbignieux

ÉCRIRE

théâtre
21 u 30

pharmacie

site trait 2er mois
call Sabine

Sabine
me call

(6)

boîte en bas Gérard

Thibaut q. 85
Véronique

je vais les voir

je call et ranue

g.de rame
de 2 jrs

Spectable

la VIE!

ses hommes qui tombait, il disait : « Encore un imbécile de moins. » Il est vrai que c'était un général philosophe, et l'espèce n'en est pas à encourager.

Penchée sur la table, elle feuilleta le livre rouge et or.

— Je voudrais retrouver une phrase des *Vacances*, qui m'émouvait toujours, quand j'étais petite fille...

Dans le silence

le génie de l'eau
le fourneau — ce
les plus anciens
immobiles, et ju
triste, hiver biza
saient l'univers fa
enfance, avec ses
son *kettle*, ses co
musique, ses cata
Dumpty et La T
kitty darling, tout
vieille-France à l'
collet monté. Et
qu'eux tous, mê
cette Cendrillon s
pendant une sem
ne s'en apercevra
place dans l'appar
coup de baguette, avait réveillé cet univers et le lui offrait! C'était cette étrangère qui rouvrait sa chambre d'enfant et lui rendait l'odeur de son passé.

— Tenez! s'écria-t-elle, je l'ai retrouvée! Vous savez, cette phrase qui me faisait rêver, quand j'étais petite fille. Paul dit à Sophie : « Tu m'avais donc oublié? » Et elle : « *Oublié, non, mais tu dormais dans mon cœur, et je n'osais pas te réveiller.* »

Costals posa les yeux sur le livre, voulant lire lui-même cette phrase. Pourquoi lui donnait-elle la sensation de ne lui être pas inconnue? Il battit des paupières, dans l'effort pour se souvenir. Tout d'un coup il se souvint, et un frisson lui parcourut

adis, sa mère lui avait
sait Solange : « Quand
me troublait. Je me la
et encore… »

eureux de parler de sa
fois!… Qu'à tant d'an-
re et cette jeune fille
mêmes mots! Il dit cela
ter : quelque chose de
cœur. Il lui semblait
omme une mystérieuse

aréchal de Ségur, dans
u'un garçon pouvait en
rifiait…

récit, ensemble. Costals
Maréchal, tandis que le
de son poignard sur la
Saint-Esprit à son cor-
ce geste, lui laisse la
vie sauve. Il arriva à cet endroit, et alors il se passa une chose étrange : les larmes lui montèrent aux yeux et il se mit à trembler.

unef
étud...

AUTRE EUROPE, LES ÉTUDIANTS

VOTENT NON

112, Boulevard de la Villette — 75019 Paris • 01 42 02 25 55 • www.unef.fr

AUTRE EUROPE, LES ÉTUDIAN

VOTENT NON

112, Boulevard de la Villette — 75019 Paris • 01 42 02 25 55 • www.unef.fr

TION LIBÉRALE
SOCIALE
NON

02 25 55
75019 Paris

POUR NOUS,
C'EST

ité

SOMMAIRE

LE FRANÇAIS
UNE LANGUE QUI DÉFIE LES SIÈCLES

Alain Rey

DÉCOUVERTES GALLIMARD
HISTOIRE

En quelques générations, les habitants d'un vaste territoire où, depuis plusieurs siècles, des Celtes parlaient leur langue, le gaulois, se sont mis à des formes locales de latin. La civilisation gallo-romaine, parlant un latin fortement modifié, est entourée de peuples germaniques et subit l'influence de leurs langues. Plus tard, des Celtes venus du pays de Galles se manifestent : c'est au IVe siècle l'apparition du breton en Armorique.

CHAPITRE 1

LE LATIN ÉLIMINE LE GAULOIS

La civilisation gauloise nous a laissé plus de témoignages artistiques (ci-contre, statuette du dieu dit « de Bouray ») que d'inscriptions. Le calendrier trouvé à Coligny dans l'Ain (page de gauche), daté du IIe siècle apr. J.-C., compte parmi les rares traces qui nous sont parvenues du gaulois, langue rarement écrite, qui ne put résister à l'invasion du latin.

Avant le gaulois

Toutes les langues apparaissent dans des sociétés humaines constituées de groupes d'abord nomades, puis, après la « révolution néolithique », sédentarisés. Mais pour que nous puissions en parler aujourd'hui, il faut qu'elles aient laissé des traces, sous forme de signes matériels que déchiffre l'archéologie.

Sur le territoire qui correspond à une partie de trois États modernes, la France septentrionale, la Belgique méridionale et l'Helvétie occidentale, qui est l'espace originaire de la langue romane devenue « le français », nous n'avons presque aucune donnée linguistique avant l'arrivée des Celtes. Les quelque dix mille humains qui peuplaient la zone avaient, pense-t-on, quintuplé vers 5000 avant l'ère chrétienne, en plein néolithique.

L'art des Celtes est avant tout un art du métal qui utilise le bronze (ci-dessous, figurine d'un dieu aux allures très militaires), le fer et l'or. Peuples semi-nomades, ils créent surtout des petits objets qu'ils peuvent transporter : armement, bijoux ou ustensiles usuels.

ΑΝΕΟΥΝΟC

ΕΠΟΕΙ

Mais quelle langue parlaient-ils ? Avant les Celtes, on l'ignore. On a pourtant les témoignages qu'apportent les noms de lieux « pré-celtiques », par exemple la racine *kar, karri,* signifiant « la pierre » (Caromb, Carlitte, Charance…), racine que l'on retrouve en berbère et en basque, langues étrangères au groupe de langues indo-européennes auquel appartiennent le germanique, le slave, le celtique, le grec et le latin.

L'expansion maximale des Celtes, peuples originaires d'Europe orientale, se produit aux IIIᵉ et IIᵉ siècles avant notre ère (carte ci-contre). Vers 250 av. J.-C., ils envahissent la Gaule. Ils fuient leurs terres surpeuplées où le climat se dégrade et sont attirés par les richesses agricoles et commerciales de l'Europe de l'Ouest. Outre la Gaule, les Celtes investissent aussi l'Espagne. Ils franchissent la Manche ; vers 390 av. J.-C., ils pénètrent en Italie du Nord. Ils ne développent pas d'alphabet propre mais transcrivent leur langue, le gaulois, à l'aide d'alphabets étrangers, dont le grec et le latin. Seules quelques bribes de textes écrits sur des supports non périssables nous sont parvenues. Page de gauche, fragment d'une dédicace gauloise à un dieu, écrite en caractères grecs : *Anevnos epoei* [« Anevnos l'a fait »] ; ci-contre, inscription en écriture cursive latine provenant d'une céramique : *billicotae rebellias tioinvoru silvanos* : « les "billicotae" [poteries de Billicotos (un potier)] très belles, c'est Silvanos [un autre potier] qui les a produites ». Des études comparatives avec d'autres langues celtiques (gallois, irlandais, breton) mieux connues ont permis leur déchiffrage.

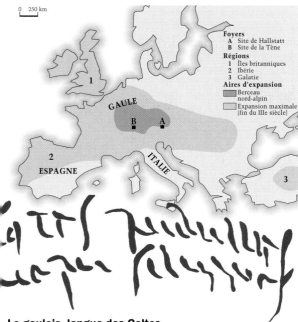

Le gaulois, langue des Celtes

Entre 250 et 120 av. J.-C., les Celtes, poussés par les Germaniques, pénètrent en Gaule du Nord. Populations indo-européennes apparues vers la région d'Autriche-Hongrie aux alentours du IXᵉ ou du VIIIᵉ siècle, les Celtes avaient envahi une vaste zone, progressant d'est en ouest, vers l'océan, et vers la Méditerranée, peu après 500. Des grandes villes transmettent, par l'intermédiaire des noms latins, le souvenir de tribus celtes : les Belgae (Belges), les Atrébates (d'où Arras), les Ambiani (Amiens), les Bellovaci (Beauvais)…

D'autres langues, cependant, étaient parlées dans cette partie de l'Europe occidentale, en particulier le grec – la colonie de Phocée, Massalia, étant fondée en 620 av. J.-C., avant Nikaia (Nice), dédiée à la déesse de la Victoire, Niké, Antipolis (Antibes), etc. Le grec fut aussi parlé en Languedoc et les Celtes gaulois adoptèrent le long du Rhône l'alphabet grec (pour un usage très limité de l'écriture). Mais l'influence de la langue grecque sur le latin des Gaules, au total sera faible.

On retrouve également les traces linguistiques d'une autre culture, celle des Ibères, dans le sud-ouest de la France (par exemple, les noms en -*os*, Argelos, Abos, Giscos). Une autre langue encore était parlée entre Marseille et Gênes, par une population très hétérogène, les Ligures. Comme les Ibères, ils n'ont laissé de leur langue que des traces dans les noms de lieux. De toutes ces langues, le gaulois, assez unifié selon les témoignages anciens, l'emporta sur ces terres.

Les « invasions » romaines

Les causes de l'invasion des Gaules par les armées romaines de César sont multiples. L'instabilité provoquée par les mouvements de populations germaniques et celtiques et la violence des razzias gauloises en Italie du Nord – jusqu'au sac de Rome vers 390 avant l'ère chrétienne – avaient conduit Rome à soumettre la Gaule cisalpine après plus d'un siècle de combats. À cela s'ajoutèrent de nombreux facteurs économiques.

La romanisation du sud de la Gaule fut d'abord monétaire, puis politique et commerciale et aboutit à la création de la « Provincia » – future Provence –, surnom romain de la Narbonnaise. L'Empire romain envisagea ensuite une pacification de toutes les Gaules, régions riches en céréales et avancées techniquement (la charrue gauloise était bien plus

La connaissance que nous avons des Gaulois s'appuie pour l'essentiel sur les textes de leurs contemporains grecs et latins (Diodore de Sicile, Strabon, Lucain, Pline l'Ancien et surtout Jules César, puis Tacite). L'image qu'ils s'étaient forgée du féroce guerrier gaulois, étroitement liée au souvenir désastreux du sac de Rome par les Gaulois, persista malgré des relations ultérieures plus pacifiques (ci-dessous, statuette romaine d'un guerrier gaulois en fuite, du IIᵉ siècle av. J.-C.).

APPRENONS. — *Vercingétorix était un grand chef gaulois. Il défendit bravement son pays contre les Romains commandés par Jules César.*

efficace que l'araire romain). C'est pour le blé que Rome ira jusqu'en Belgique.

Ce fut, comme on sait, l'œuvre de l'ambitieux triumvir Caius Julius Caesar, proconsul de la Gaule cisalpine et de la Narbonnaise. C'est en partie pour acquérir une gloire militaire qui éclipsât celle de son rival Pompée que César intervint – au prétexte d'empêcher les Celtes helvètes d'envahir le reste de la Gaule. En plusieurs campagnes, couronnées par la victoire d'Alésia en 52 av. J.-C. contre l'Arverne Vercingétorix qui avait orchestré le soulèvement des Gaulois, César se rendit maître des Gaules.

César distinguait les Belges et les Aquitains des Gaulois, peut-être parce que les premiers étaient à demi germanisés et les seconds en partie de culture et de langue ibères. Pourtant, à son arrivée, la Gaule parlait gaulois. Le grec, le ligure, l'ibère, le latin (au sud) et les langues germaniques (au nord) n'étaient présents que dans la périphérie, et n'empêchaient pas une communication sociale en langue gauloise sur l'ensemble de ce territoire.

De Vercingétorix, on ne connaît que les neuf mois de son existence évoqués dans le récit de la *Guerre des Gaules* par César. Les portraits de lui figurant sur les monnaies de l'époque (ci-dessus) montrent un jeune homme imberbe aux cheveux bouclés, aux antipodes du guerrier moustachu et casqué de l'imagerie scolaire traditionnelle (en haut).

Mort d'une langue

En quatre siècles, la Gaule
fut largement romanisée.
En même temps, les Gallo-Romains
abandonnèrent le parler de leurs
ancêtres et se mirent à employer
le latin.

On a longtemps eu une idée trop
simple de cette évolution, qui fut
très variable selon les régions et
les moments de l'Histoire. Dans
la Gaule « transalpine », cette
Narbonnaise conquise par Rome
en 120 av. J.-C., le latin était déjà
bien installé, grâce aux populations
venues d'Italie. Le reste du
territoire, envahi et occupé de
58 à 51 av. J.-C., puis démilitarisé au
cours du Ier siècle et sous-administré
par l'empire, aurait pu continuer à
parler gaulois, n'était la convergence
de facteurs favorables à une
latinisation : concession de la

citoyenneté romaine aux chefs gaulois et
à certains soldats, évolution vers l'urbanisation
(Lyon, Autun…), amélioration des communications
et enfin, impact de la christianisation pour les élites.

Déjà, César avait fait envoyer les fils des chefs
gaulois à Massalia ou en Italie, pour les instruire.
D'autres écoles en latin – et de latin – fonctionnaient
d'Arles et Toulouse jusqu'à Reims et Trèves,
en passant par Lyon, plaque tournante de la
romanisation.

C'est alors la *pax romana* (milieu du Ier siècle-
fin du IIe siècle). Mais au IIIe siècle, des armées
romaines très germanisées ont à faire face aux
migrations armées d'autres populations
germaniques, Alamans, Wisigoths, Vandales…
Le résultat en fut un immense brassage et le
maintien difficile des frontières de l'empire,
avec l'aide d'anciens prisonniers germains institués
en soldats-paysans : les « lètes ».

Les Gaulois adoptèrent
les nouveaux usages de
leurs envahisseurs et,
les mêlant à leurs
traditions, créèrent une
civilisation originale
qui s'épanouit pendant
plus de deux siècles de
paix. C'est une vision
idéalisée de la *pax
romana* que nous offre
ce tableau de 1870.
La ville romaine bâtie
au pied des Alpes
dauphinoises peu après
la conquête contraste
avec la modeste maison
gauloise du premier
plan. Harmonie entre
la nature et l'urbanisme,
calme et prospérité… le
second Empire semble
projeter ses fantasmes
dans le passé.

Sur le site de Graufesenque, près de Millau (Aveyron), au confluent du Tarn et de la Dourbie, des fouilles ont mis au jour les restes d'une agglomération gallo-romaine appelée Condatomagus (le « marché du confluent »). Au Iᵉʳ siècle de notre ère, plus de six cents ateliers de potiers y produisaient une vaisselle en terre cuite rouge, dite sigillée, qui était exportée dans tout l'Empire romain. On y a retrouvé d'énormes fours et de gigantesques dépotoirs de vaisselle cassée ou mal cuite. Le nom de chaque potier et la liste des vases qu'il donnait à cuire étaient inscrits sur une assiette avant chaque fournée (ci-dessous, fragment).

Vers l'an 300, les Gallo-Romains sont partagés entre gaulois, latin – sous plusieurs formes – et langues germaniques variées. Outre un bilinguisme net entre une forme régionale de latin et le gaulois hérité, apparaît alors une langue orale populaire et spontanée, qui latinise le gaulois (peut-on supposer) et emplit de vocabulaire gaulois un latin oral. Ce gaulois altéré a pu aboutir à une langue mixte à base latine, un semi-créole. Par divers témoignages, on sait que le gaulois, aux IVᵉ et Vᵉ siècles, était en voie de disparition.

Quels parlers latins, dans les Gaules?

Le passage du gaulois au latin aboutit donc dans
ce territoire soit à une semi-créolisation, soit à
une fragmentation du latin parlé, qui dut surtout se
faire sentir sur la prononciation et sur le vocabulaire.

Ce dernier évolue, soit par emprunts au gaulois,
soit par variation interne du latin (*equus*, remplacé
par *caballus*, « le cheval » ; *hirudo* par *sanguisuga*
[Iᵉʳ siècle], « la sangsue »). Mais les divergences sont
plus ou moins grandes selon les régions. Le latin
de la Narbonnaise reste proche de celui d'Italie.
Celui d'Aquitaine, province romaine qui, à partir
de l'empereur Auguste, remonte officiellement
jusqu'à la Loire, englobant l'Auvergne, est considéré
comme de qualité par les élites, avec, par exemple,
le poète arverne Sidoine Apollinaire (vers 431-vers
487) apprécié pour sa langue. Le latin de la région
lyonnaise, Lugdunum étant capitale des Gaules,
semble constituer la tête de pont du latin de
la Provincia vers le nord et l'est. Dans le nord
des Gaules, une romanisation plus incertaine est
liée à la protection des frontières : l'armée et

Un enseignement
dispensé aux enfants
de sept à onze ans
pour l'apprentissage de
l'écriture et de la lecture
(ci-dessus, à gauche)
familiarisa les Gallo-
Romains à la langue
et à la culture latines
et contribua à la
disparition progressive
du gaulois. Le français
actuel conserve environ
quatre-vingts mots
d'origine gauloise, en
général empruntés via
le latin. Ce sont surtout
des noms de lieux (*brive*
signifie « pont », *dun*,
« forteresse » [Verdun],
briga, « colline »
[Brienne], des mots
de la nature et de la
vie agricole : *alouette*,
arpent, *bouc*, *bruyère*,
cervoise, *chêne*, *charrue*,
chemin, *lande*, *mouton*,
ruche, *sillon*. Plus
inattendu, *ambassadeur*.

l'administration de l'empire jouent un rôle essentiel dans la latinisation. En Picardie, en Normandie et en Champagne, les formes de latin sont plus altérées que vers le Sud. En Armorique (actuelle Bretagne), le latin s'impose moins nettement, soit que le gaulois persiste au Sud (actuel Morbihan), soit que la dépopulation de l'Ouest limite le latin à la partie orientale de la région, avant l'arrivée des Celtes gallois. Ainsi sont esquissées les trois zones linguistiques de l'avenir : au Nord, celle du français, où l'on dit *oïl* pour « oui », au Sud, celle de l'occitan où l'on dit *oc* et à l'Est, de Lyon à la Suisse, celle des dialectes du « franco-provençal ». S'y ajoute en Armorique le breton.

Les Germains conduisent le latin vers un nouveau langage

Au Ve siècle, le gaulois est à peu près éliminé et oublié, et différentes formes de latin sont parlées dans toute l'Europe occidentale et méridionale. Un nouvel ensemble de langues du groupe germanique vient alors s'ajouter à celles qui étaient déjà entrées en contact avec les diverses formes du latin de l'Empire. Ce sont les idiomes des Goths

Les Gaulois apportèrent leur savoir-faire dans certains domaines, notamment l'agriculture. La charrue à roues, plus efficace que l'araire romain, et la moissonneuse permirent d'améliorer la culture du blé (ci-dessus, à gauche, échoppe de boulanger). C'est aux Gaulois, en effet, que l'on doit des développements de la technique de la roue, évidemment connue des Romains, pour le transport des personnes et des biens (page de gauche, à droite), qui s'avérèrent essentiels à l'expansion du commerce. La Gaule apportait à l'empire ses céréales et les transports, en plus d'un riche arrière-plan culturel.

de l'Ouest (Wisigoths) et de ceux de l'Est (Ostrogoths), des Burgondes, et surtout des Francs.

Les Wisigoths, en groupes armés, venaient de Scandinavie, d'où ils avaient rejoint le Danube à la fin du IIIe siècle. Convertis au christianisme sous la forme, jugée hérétique par Rome, de l'arianisme, ils gagnèrent l'Italie et saccagèrent Rome (410), puis se répandirent en Gaule : Toulouse, Bordeaux, Narbonne, où leur roi épousa Galla Placidia, fille de Théodose Ier, l'empereur d'Orient. Ce royaume wisigoth domina au Ve siècle la zone allant des Pyrénées à l'Auvergne.

Battus par les Francs, les Wisigoths se replient en Espagne : les Francs ne restent pas longtemps dans la région : ni la langue gotique (celle des Wisigoths) – que nous connaissons grâce à des passages de la Bible traduits par l'évêque Wulfila –, ni la francique (celle des Francs) n'auront d'influence sur le latin de l'Aquitaine et des autres régions du Sud. De même, la langue des Burgondes, Germains déjà romanisés, installés au milieu du Ve siècle à Genève et à Lyon, leurs deux capitales, n'eut guère d'effet sur le latin de l'époque dans la région qui sera nommée (d'après les Burgondes) Bourgogne.

Le rôle des Francs

Au Nord, au contraire, le francique était la langue des Francs, fédération de tribus germaniques septentrionales. Après avoir inquiété à plusieurs reprises les armées romaines, les Francs gouvernent la *provincia* de Belgique II, puis progressent dans le nord de la France actuelle au milieu du Ve siècle. Leurs rois – Childéric, puis son fils Clovis – partent à l'assaut de nouveaux territoires vers la Somme, la Seine (blocus de Paris en 476, relaté par la *Vie de sainte Geneviève*) et la Loire.

L'influence du christianisme sur le latin, puis l'ancien français, fut déterminante. Dès après la conversion de Clovis au Ve siècle, l'esprit du monothéisme chrétien se substitua aux mythes celtes et germaniques, ainsi qu'au polythéisme et au matérialisme de certains Romains (ci-dessous, épitaphe chrétienne de la fin du Ve siècle). L'archéologie manifeste la symbiose des populations germaniques et gallo-romaines ; en effet, il n'est plus possible de distinguer les sépultures franques des sépultures gallo-romaines à partir du VIIe siècle.

Clovis (466-511) peut être considéré comme le premier roi de France, pays qui doit son nom au peuple qu'il dirigeait alors, les Francs. Le 25 décembre 496 (ou 499), il est baptisé par l'évêque Remi, à Reims (ci-contre). En se convertissant au christianisme, Clovis scelle l'union du trône et de l'autel. La légende s'est emparée du fait historique à partir de Grégoire de Tours (538-594), qui rapporte dans son *Histoire des Francs* la célèbre apostrophe de l'évêque au roi germanique : « Courbe la tête, fier Sicambre. » Cette soumission était aussi une habile décision politique de la part de celui qui, dix ans auparavant, en 488, avait vaincu le général gallo-romain Syagrius, près de Soissons (d'où l'affaire du vase brisé, qui devait revenir à l'évêque Remi). La dynastie royale fondée par les ancêtres de Clovis, appelée mérovingienne d'après le nom de son supposé fondateur, Mérovée, fut le ferment de l'unité à venir de la France d'oïl. Forte au nord de la Seine, la présence des Francs devient quasi nulle au sud de la Loire, et l'influence du francique, forte sur la langue d'oïl, fut très faible sur l'occitan.

Malgré la victoire de Clovis sur les Wisigoths à Vouillé, près de Poitiers, en 507, la présence franque demeurera minime entre Seine et Loire et ne sera importante qu'entre Rhin et Seine.

De nombreux Francs étaient déjà romanisés. Et surtout, la conversion de Clovis au catholicisme romain à la fin du Vᵉ siècle donna au pouvoir franc un nouveau statut inspiré de l'organisation romaine. Comme les Gaulois, les Francs étaient un peuple sans écriture et la codification de leur tradition germanique passa par le latin. Au VIᵉ siècle, les cours franques parlent latin et deviennent de véritables centres culturels sous l'impulsion des souverains et des nobles. Les Francs de la classe rurale, eux, durent pratiquer leur langue jusqu'au IXᵉ siècle. Les propos tenus par Loup de Ferrières

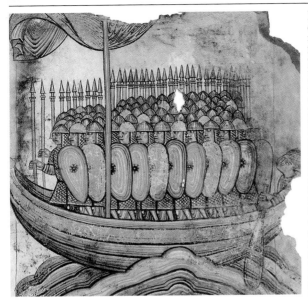

Les Vikings, commerçants-navigateurs-soldats, parlant l'ancien norrois, dévastèrent le royaume franc aux IXᵉ et Xᵉ siècles (ci-contre). Après ces raids, ces Danois, entraînant des populations rurales anglaises, s'établirent en Basse-Seine et tentèrent de prendre Chartres. Mais leur chef Rollon fut défait par les Francs en 911 et dut conclure un accord avec le roi à Saint-Clair-sur-Epte. Les Vikings et leurs troupes s'établirent en Normandie où ils s'assimilèrent, en partie parce qu'il y avait très peu de femmes parmi eux. Ils conservèrent l'ancien norrois, à côté du gallo-romain de Normandie, pratiqué dans la région de Rouen par la majorité de la population alors qu'on parlait norrois autour de Bayeux. Ce bilinguisme fut actif au Xᵉ siècle, mais au XIᵉ, il semble que le roman, c'est-à-dire le dialecte gallo-romain issu du latin, l'emporte sur la langue germanique héritée. Celle-ci laissa des traces dans le français (griller, super, (« aspirer »), flâner, de nombreux termes de la marine, telle hune, et maritimes : varech, turbot...). Les noms propres de Normandie, ceux en -bec, du norrois bekkr, « ruisseau », en -fleur, comme dans Honfleur, qui vient du norrois flodh, « golfe », « baie », etc., attestent l'héritage norrois.

en 487 à un abbé Marcwad attestent que même si le francique n'était plus guère pratiqué, il restait prestigieux : l'« usage si nécessaire à notre époque (du francique) n'est ignoré que des paresseux ».

Au IXᵉ siècle, du fait du brassage des populations, Franc, *Francus*, désigne le « Gallo-Romain du Nord », indépendamment de l'origine ethnique, et correspond à *Romanus* pour le Sud.

Le francique, du VIᵉ au Xᵉ siècle, a laissé dans le latin des Gaules de très nombreux noms de famille et de lieux, ainsi que des vocables qui resteront dans le français. Beaucoup de ces mots sont institutionnels (noms de titres féodaux, comme *baron*, *ber* au cas sujet, ou *sénéchal*), ou encore mots guerriers, à commencer par *guerre*. Très nombreux en ancien français, ces vocables ne sont plus que quelques centaines, très courants dans le vocabulaire actuel (*bleu*, *gris*, *honte*).

Une autre langue germanique fut parlée quelque temps en Gaule, le norrois, langue des Vikings scandinaves, qui sera utilisée aux IXᵉ et Xᵉ siècles avant de disparaître au profit d'un dialecte gallo-roman qu'on appellera le « normand ».

Le retour du celtique : l'Armorique devient bretonne

Une région, l'Armorique, demeure à part de cette évolution linguistique. Si la langue germanique des Saxons, qui pénétrèrent à plusieurs reprises en Gaule, ne laissa que des traces toponymiques (notamment dans le Pas-de-Calais : noms de communes en -*thun* et en -*ghem*), il n'en fut pas de même pour la langue des Celtes des îles « britanniques ». Repoussées vers le Nord et vers l'Ouest par les Saxons, des populations celtes s'étaient établies en Écosse, en Irlande et au pays de Galles. Ces Gallois étaient en partie romanisés, beaucoup servant dans les armées romaines, mais ils avaient conservé leur langue celte, le gaélique. Sous la pression des Anglo-Saxons, ils

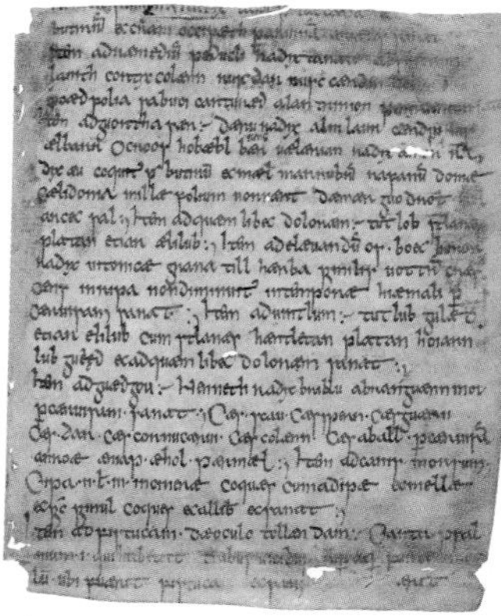

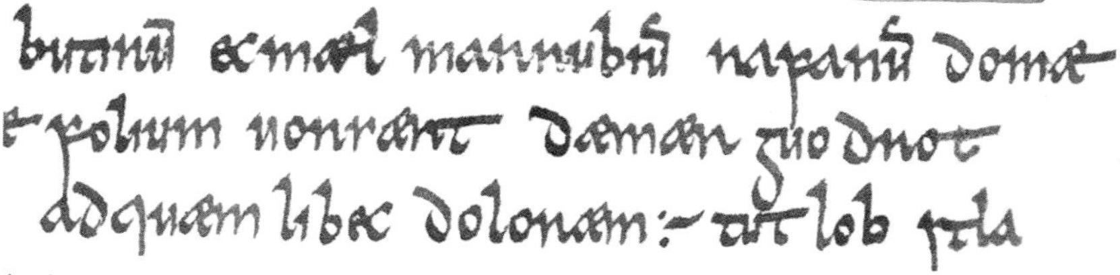

La langue bretonne, débarquée en Armorique avec les Celtes du pays de Galles, devint, du VIe au Xe siècle, un moyen d'expression spécifique,

émigrèrent en masse vers l'Armorique, entre 450 et 550. Dans le sud de cette région, qui était très peu habitée, survivaient peut-être des traces de gaulois.

Aussi le gaélique s'imposa. Évoluant, il devint le breton, seule langue parlée au nord-ouest d'une ligne allant de Vannes à Saint-Malo. Dans le reste de l'Armorique, vers le Sud et l'Est, la romanisation des Celtes et de leurs descendants aboutira à la pratique d'un dialecte issu du latin, le gallo. Qu'elle soit celte ou romanisée, la Bretagne, par son autonomie, constitua pendant des siècles un territoire à part dans l'ensemble de la Gaule septentrionale devenue franque et parlant les dialectes issus du latin.

avec des témoignages écrits dès le VIIIe siècle (ci-dessus). Son vocabulaire celte initial s'enrichit soit par la crétion lexicale interne, soit par emprunt aux racines latines. Mais le fonds culturel commun aux Celtes d'Armorique et à ceux du pays de Galles, de l'Écosse et de l'Irlande subsista, et l'usage du breton avec lui.

Omme le cisne quãt mo:t luy est pchaine
Doulcemt chante = a Voix tresserame.
Pareillement ie dido pour tout Voir
Qui ne te puis par prxyere esmouuoir.
Et qui plus nay en ta Veulx esperãce.
Oxe te fais scauoir ma doleance.

On aurait pu, en France, en Suisse, chez les Belges, parler plusieurs familles de dialectes, sans l'action unificatrice des rois francs – Mérovingiens puis Carolingiens – et de la littérature, qui ont promu le langage de l'Île-de-France. Cette langue va s'affirmer dans tout le nord de la France, en Belgique, puis se répandre en Angleterre pendant trois siècles et gagner vers le Sud, en terre occitane.

CHAPITRE 2

DU LATIN AU FRANÇAIS

Le Moyen Âge est une époque très active de traductions des grands textes rédigés en latin, considéré alors comme la seule langue du savoir. Ces « translations » (page de gauche, illustration d'une traduction des *Lettres d'héroïnes* d'Ovide, V, 1496) furent très importantes dans l'évolution de la langue française, tant sur le plan grammatical que lexical. Le XIVᵉ siècle, voit la naissance d'une littérature savante en français (ci-contre, un traité de chirurgie).

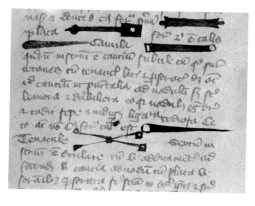

La naissance du « roman »

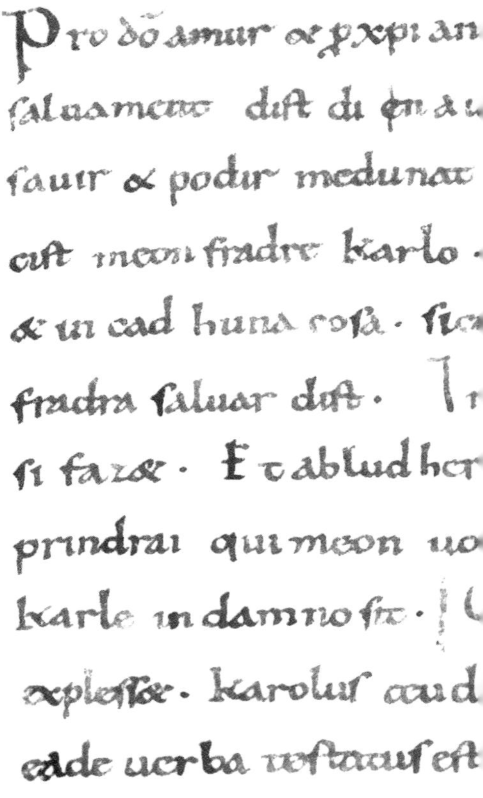

La dégradation de la culture écrite et de l'école, surtout aux VIe et VIIe siècles, accéléra la rupture entre le latin écrit et celui que parlait le peuple. Cela dépassait les différences de style, qui étaient déjà importantes, même à Rome du temps de Cicéron. Peu à peu, la langue orale spontanée se sépara du latin écrit conservé par l'Église mais de plus en plus incertain. La réforme culturelle et scolaire entreprise, à partir de 800, par l'Empire carolingien, le rétablit sous sa forme la plus correcte, et la liturgie et la grammaire, sous l'impulsion d'Alcuin, marchèrent main dans la main. Cette grande réforme carolingienne eut pour effet de creuser encore plus l'écart entre latin cultivé, y compris à l'oral, et latin spontané des illettrés.

Un indice certain de cette fracture est contenu dans les recommandations du concile de Tours, en 813, pour la prédication chrétienne, dans lequel on constatait que les gens du peuple ne comprenaient plus le latin pratiqué par les prêtres.

Le peu que nous savons sur la langue en gestation nous vient de listes, les glossaires, où les mots populaires sont expliqués, glosés en bon latin. Dans ces listes, la transcription écrite éloigne les mots expliqués de leur réalité orale. Mais des textes postérieurs, où la notation écrite est plus proche de la prononciation, montrent à quel point cette langue s'est éloignée du latin. Cette étape de la langue est appelée le « roman ».

Le texte des Serments de Strasbourg prononcés par Louis le Germanique à l'adresse des troupes du roi Charles (ci-dessus) n'est pas encore du français, mais n'est plus du latin. On peut parler de « roman » ou de « proto-français ».

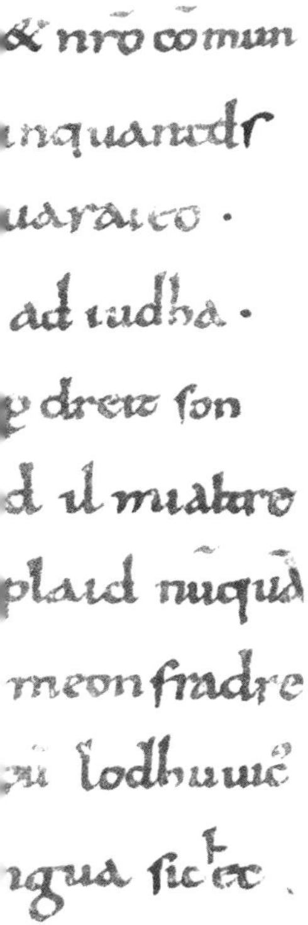

& nro comun

inquandr

uarauco ·

ad iudha ·

p dreiz son

d il miatro

plaid nuquid

meon fradre

ni lodhuuic

ingua fic ec .

Les Serments de Strasbourg

Les fameux Serments de Strasbourg contiennent le premier texte écrit en roman, cette langue nouvelle. Il s'agit d'une promesse solennelle entre deux des petits-fils de Charlemagne, Charles (dit le Chauve) et Louis, appelé le

Au IXᵉ siècle, le clergé assure l'extension de la foi chrétienne par la prédication (ci-dessous). Celle-ci oscille entre le latin d'église pour les auditoires de clercs à la langue du peuple, le français, sous ses diverses facettes, pour le commun des fidèles qui ne comprend plus le latin.

Germanique (Ludwig), alliés contre leur frère Lothaire. Ce dernier, battu en 841, avait dû accepter par un traité signé à Verdun de se « contenter » de l'Italie, de la Provence, de la Bourgogne et de la « Lotharingie » (Lorraine). Par cet échange de promesses, Louis et Charles se partageaient le reste de l'Empire carolingien. Parmi les chefs et plus encore parmi la troupe de Charles, beaucoup ne comprenaient plus le latin correct des élites ; il en allait de même pour les soldats de Louis le Germanique, parlant l'allemand ; et les différences d'accent entre Germaniques et ex-Gallo-Romains ne devaient rien arranger. On eut alors l'idée de noter par écrit les formules initiales de cet engagement politique, Charles prononçant la sienne en allemand (langue déjà dégagée de l'ensemble

Les premiers textes appartenant à un dialecte qui n'est plus du latin apparaissent au IXᵉ siècle. Cette littérature, dominée par la culture monastique, est surtout hagiographique et religieuse, ainsi les *Séquences de sainte Eulalie* (865), les *Notes sur le Sermon du Jonas* (v. 940), ou la *Vie de saint Alexis* (v. 1040).

germanique) pour les
troupes de Louis, et Louis,
pour les soldats de Charles,
s'exprimant en roman.
L'intention était d'être à peu
près compréhensible pour ces
Romans qui avaient en grande
partie perdu leur « bon » latin.
Le reste du document était
rédigé en latin.

Ainsi, une façon de parler
« vernaculaire » (populaire
et usuelle), différente du latin,
modulée selon de nombreux usages, apparaît-elle
en France avant que le même phénomène ne soit
perceptible pour l'italien, l'espagnol ou l'occitan,
toutes ces langues étant dérivées d'usages régionaux
du latin. Ces langues, appelées langues « romanes »,
ont été divisées par Dante en trois groupes, celui
où « oui » se dit *si* (l'italien, l'espagnol…), celui où
il se dit *oc* (toutes les formes d'occitan), enfin celui
où il se dit *oïl*, puis *oui* (le français et ses dialectes).

Des langages fragmentés ; une langue : le français

Aux Xe et XIe siècles, le français apparaît comme
fragmenté en usages régionaux. Il se distingue
nettement des autres langues issues du latin
dans les territoires de la Gaule : l'occitan, d'une
part, les parlers appelés « franco-provençaux »,
de Lyon à la Savoie et à la Suisse, d'autre part.

Dans ce qu'on appelle aujourd'hui l'« ancien
français », on suppose que les parlers différaient
fortement selon les lieux. Mais l'on ne dispose
pour en juger que de textes écrits. Ces textes
manifestaient des usages différents de région à
région, mais ils restaient compréhensibles par les
lettrés de tout le territoire du nord de la France.

On peut regrouper les façons de parler du peuple,
en partie reflétées par les différentes manières
d'écrire, qu'on appelle les *scriptae*, en grands
dialectes. Mais, malgré ces différences, on ressent
l'existence d'une langue unique autour du modèle
que représentent les parlers d'Île-de-France.

C'est dans son
De Vulgari Eloquentia
(ci-dessus, frontispice
d'une édition de 1583
traduite du latin en
italien), que Dante
distingue les trois types
de langues issues du
latin. Page de droite, en
haut, carte des zones
dialectales. La partie
en « croissant » est celle
où les dialectes d'oïl
et d'oc s'interpénètrent.

ot en fa tuilie.
nræ̃t en forne. Ca
o befoing obhc.t
t bien ligñt eh
quert par.mus·ilx
nt lxritage. or u
ir de la prifon on
l foiait tuit el q
.enut el qnome
itage.
tait ne trop fou
a fin enperdon lc
te peuife a celle r
t alonfir por plu
uifent amoraler
quoi bien qene

tfint. Qamer ne les ne nomen puif irua
unois enfon comant.
ecore ten brñau buu femb lant 7 autou
rtoir fi doucemr parler. de de famor ne eu
meu amoie tat ues puis le tiendire. Qe ir
loxer: dais aufi puer un peur .rop fier:

Ainsi un trouvère picard, Conon de Béthune, écrit
que, bien que sa « parole » soit celle de sa région,
elle peut bien être comprise « en français ».

   Les zones dialectales ne sont ni nettes ni stables ;
elles interfèrent, et les réalités sociales auxquelles
elles correspondent sont variées. Politiquement,
le territoire est fragmenté par le système féodal ;
économiquement, la vie rurale sédentaire exclut
des relations massives entre régions et même
entre « pays ». Les forêts très abondantes, les grands
fleuves constituent des frontières assez étanches.
Des formes de langage comme le normand, le picard

À la fin du XIIᵉ siècle, les dialectes sont soumis à des jugements de valeur négatifs, comme en témoigne la mésaventure du trouvère Conon de Béthune (1150-1219). En 1180, ce poète artésois de haute naissance chante ses œuvres (texte ci-contre) devant la cour du roi de France lors du mariage de Philippe II et d'Isabelle de Hainaut. Le roi et sa mère lui reprochent en public d'employer des mots picards. Désormais, il ne s'agit plus simplement de se faire comprendre, mais de respecter le bon usage de la cour et d'adopter une langue proche de celle du roi, le parler d'Île-de-France.

ou le champenois
ne sont pas politiques.
Ainsi, l'empire d'Henri II
Plantagenêt, roi
d'Angleterre en 1154,
allait de l'Anjou et de
la Touraine à l'Aquitaine,
à l'Espagne, et de la
Normandie à la Bretagne
et à l'Écosse. Or, à cet
ensemble politique, ne
correspond pas une forme
particulière de français.

Unification de l'ancien français : le rôle de la politique et de la littérature

Le pouvoir du roi de
France se concentre ;
aux XIIe et XIIIe siècles,
il favorise une unification

des usages entre Île-de-France et Normandie,
Touraine, Anjou, alors que la Wallonie, étrangère
à ce pouvoir, reste attachée à ses habitudes de
langage. Les oppositions les plus nettes sont entre
un groupe de l'Est (Wallonie, Lorraine, Champagne,
Picardie) et un groupe central-occidental (Île-de-
France, Normandie et son annexe linguistique,
l'Angleterre, pays de la Loire).

Le passage d'une multiplicité orale, essentiellement
rurale, à la reconnaissance d'une langue commune
a deux causes essentielles. L'une, politico-
économique, comprend l'agrandissement du
domaine royal et la puissance accrue de Paris,
centre démographique (100 000 habitants à la
fin du XIIe siècle), politique (Philippe Auguste)
et culturel (l'université). L'autre, qui embrasse
toutes les variantes enregistrées par les *scriptae*,
est représentée par la littérature, d'abord orale,
les textes conservés étant comparables à des
partitions musicales, que peu savent déchiffrer.

Le prince et le poète font la langue. Cependant, des
dialectes tels que le picard ou le normand conservent

À la fin du Moyen
Âge, les dialectes sont
marginalisés à l'écrit et
en situation d'infériorité
sociale à l'oral. La
littérature, notamment
le théâtre, témoigne
de cette évolution
en faisant du dialecte
un ressort comique.
Dans la *Farce de
maître Pathelin*,
pièce écrite en langage
de l'Île-de-France par
un anonyme vers 1470
(extrait, page de droite,
en haut), l'avocat
Pathelin feint le délire
et emploie diverses
« langues de France »
par dérision : picard,
normand, sans oublier
breton et latin.
Ce procédé comique
suppose la conscience,
chez le spectateur de
l'époque, de la pluralité
des parlers en France.

un grand prestige, sous leur forme normalisée et littéraire. Mais ceci, vrai au XIIIᵉ siècle, cessera de l'être aux XIVᵉ et XVᵉ siècles, époque où les *scriptae* régionales disparaissent, et où la transcription plus ou moins fidèle de la parole dialectale devient un objet de dérision. Cette habitude de se moquer des parlers des régions, apparue dès le XIIIᵉ siècle, se développe ensuite, par exemple dans la célèbre *Farce de maître Pathelin* (avant 1470).

Le Bergier

Bee

Pathelin

Bien ca Bien ta besongne est elle Bien faicte

Le Bergier

Bee

Mais alors, l'écart entre dialecte et français joue un rôle analogue à celui qui est toujours perçu entre les parlers vulgaires, rustiques, grossiers et celui des élites, voire des poètes et des savants, et aussi entre les parlers ruraux, que nous ne connaissons pas,

Dans toute l'Europe, le langage des paysans illettrés varie de région en région, aucune grande langue unifiée ne s'imposant ailleurs qu'à l'écrit (page de gauche, paysans aux champs). En revanche, les étudiants parisiens,

et ceux des villes, qui tendent à s'identifier à une norme régionale de plus en plus alignée vers celle du « français ». Cependant, l'omniprésence d'une créativité orale, celle des contes et des veillées, pouvait valoriser le parler des « vilains », les paysans, mais en mineur par rapport aux usages « courtois », ceux de la poésie appréciés à la cour du roi.

qui savent lire et écrire, se partagent entre le latin pour la pédagogie et la religion (on les voit, ci-dessus, récitant les prières de matines à leur lever) et le français pour le quotidien.

L'expansion du français : France du Nord et Angleterre

On aurait une idée très partielle du français au Moyen Âge si on s'en tenait à ses lieux d'origine, sur le nord du terroir gaulois. À côté du latin omniprésent, le « français », à partir de la seconde moitié du XIIᵉ siècle, jouit d'un prestige particulier. Les écoles et l'université de Paris attirent des notoriétés de toute l'Europe ; il est vrai qu'on y parle beaucoup latin. La littérature de langue française donne lieu à des jugements positifs sur l'idiome, parfois préféré à l'occitan, à l'italien

À la mort d'Édouard d'Angleterre en 1066, son cousin, le duc de Normandie, appelé alors « Guillaume le Bâtard », débarque en Angleterre pour faire valoir ses droits sur le trône. Il bat Harold, le successeur désigné, à la bataille de Hastings. Mathilde, son épouse, a relaté cette conquête dans la célèbre broderie

(notamment par Brunetto Latini, le maître de Dante), à l'anglais en Grande-Bretagne. Dans ce dernier cas, c'est d'une véritable francisation de la haute société qu'il s'agit, grâce aux Vikings venus du Nord (Normand, « homme du Nord ») qui avaient adopté un dialecte proche du picard, le « normand ».

Plus importante encore pour la langue française fut la victoire du duc de Normandie Guillaume sur le roi anglo-saxon Harold à Hastings (1066). Guillaume se fit couronner à Londres, puis il « normandisa » l'Angleterre ; en 1086, les seigneurs anglo-saxons ne détenaient plus que 8 % du pays.

Pendant trois siècles, on pratique trois langues en Angleterre, le « français » des élites normandes

dite « tapisserie de Bayeux » (ci-dessus). La noblesse et le clergé anglais, qui parlaient le normand, introduisirent dans leur langue des mots français relatifs au gouvernement, à l'armée, à l'Église, à la vie à la cour ainsi qu'aux arts, à l'éducation et à la médecine. Un siècle après l'arrivée du Conquérant, plusieurs milliers de mots français avaient été intégrés au moyen anglais.

(manuscrit ancien en écriture gothique, texte manuscrit difficilement lisible)

Le plus ancien manuel de « françois », le *Traité sur la langue françoise*, a été composé par un Anglo-Normand, Walter de Bibbesworth, entre 1240 et 1250 (extrait ci-contre). Il était destiné aux nobles anglais qui désiraient parfaire leurs connaissances du français. La guerre de Cent Ans qui opposa la France à l'Angleterre de 1328 à 1453 fit naître

dominant l'écrit, le droit, la littérature et la politique, le latin continuant à régner en religion et dans l'administration, l'ancien anglais, surtout oral, mais aussi écrit littérairement, cumulant des fonctions jugées inférieures à l'exception de la poésie. Cependant, même affectée à des rôles dirigeants, la langue française d'Angleterre était pour la plupart des habitants une langue étrangère privilégiée, exclue de la transmission familiale, ce qui finit par la mettre en danger, d'autant que la masse du peuple l'ignorait et s'en tenait à l'anglo-saxon. Pour diverses raisons, en partie politiques, le français recula devant l'anglais au cours des XIVe et XVe siècles. Il était de moins en moins maîtrisé, de plus en plus incompris. Le roi, encore bilingue au temps d'Édouard Ier (1272-1307), est anglophone lorsque Henri IV est couronné.

Cependant, la disparition d'un bilinguisme anglo-français entraîna, d'une part, une accélération des emprunts au vocabulaire français par l'anglais, et d'autre part, une multiplication des grammaires et manuels de langue française en Angleterre. Du XIIe au XVe siècle, l'anglais, langue germanique, est devenu dans son lexique une langue « semi-romane ». Il l'est resté, manifestant que, loin de tuer une langue, un apport massif d'emprunts peut la stimuler.

un fort sentiment nationaliste de part et d'autre de la Manche. Les conséquences sur le français d'Angleterre furent considérables. En 1362, le *Statute of Pleading* établit l'anglais comme langue unique des tribunaux. En 1349, l'université d'Oxford cessa de dispenser ses cours en français, au profit de l'anglais. À la fin du XIVe siècle, le roi Henri IV (ci-dessus) est le premier souverain à ne plus parler français.

Ugo de pena si fo dagenes .dun castel q anom mon messat .fils dun mercada. efez se ioglar. Escantet ben. Escaup gran ren de las autrui cansos. Esabia molt las generasios dels grans homes. Daquellas en contradas. Efez cansos grans baraters fo de ioglar. edestar en taverna. per q atos fo paubres eses armes. Euoe se amollier ar alisla. euen aissi en proensa. xxvij.

Le français gagne vers le Midi

D'autres territoires se francisèrent partiellement au Moyen Âge, de manière chaque fois différente. Le Midi occitan subit l'influence du français dans son vocabulaire lorsque les relations politiques, militaires et littéraires conduisirent de plus en plus d'Occitans, à partir du XIIIe siècle, à s'exprimer dans la langue « d'oïl ». En 1271, le comté de Toulouse est annexé au domaine royal. Les « croisades » contre les Albigeois jouèrent aussi leur rôle. La Guyenne, Aquitaine anglicisée, avant la reconquête française du milieu du XVe siècle, est plutôt francisée quant au langage, ainsi que la Gascogne. La Provence l'est très peu, mais Avignon, siège de la papauté et capitale de la chrétienté pendant soixante-dix ans, vit se développer l'usage du français. Quant à l'Auvergne, elle est intégrée au royaume de France au XIIIe siècle, et le français y progresse lentement.

En même temps, les différentes formes d'occitan, du provençal au languedocien et au gascon (d'est en ouest), fournissent de nombreux mots au français, dont le vocabulaire s'enrichit ainsi.

Du côté de la Savoie – qui n'est pas française – et de la Suisse, et à partir de Lyon vers l'est, règnent des dialectes qui ne sont ni occitans ni d'oïl.

Au Moyen Âge, malgré la progression du français d'oïl, le languedocien et le provençal sont des parlers encore vivaces, avec un usage littéraire admirable, celui des *trobadors* (troubadours). Ce mot, comme *trouvère* en langue d'oïl, correspond à *trouveur* en français moderne : « celui qui trouve », le poète. Ces *trobadors* qui guerroient font des vers et de la musique et inventent au XIIe siècle une poésie profane en langue vulgaire, rimée et chantée. Elle met en œuvre une conception originale de l'amour qui célèbre la « princesse lointaine » : l'amour courtois ou *fin'amor*. Cette poésie qui se développe dans les cours féodales du Midi aura une influence littéraire considérable de la Provence à la Catalogne et à l'Italie du Nord.

Le linguiste italien Graziado Ascoli les a appelés le « franco-provençal » en 1878 et ce nom leur est resté.

En Savoie, on parle savoyard, un des dialectes de ce groupe, et on écrit en latin, jusqu'au XVe siècle. Le Lyonnais, le Dauphiné, le Forez resteront aussi des terroirs où le français parlé se limite aux villes, au moins jusqu'au XVIIe siècle.

Contacts et emprunts réciproques

D'autres contacts se produisirent entre le français et des langues voisines. Bien que l'Italie du Sud et la Sicile soient politiquement normandes (XIe-XIIe siècle), puis angevines (XIVe-XVe siècle), cette situation

Les troubadours pouvaient chanter leurs compositions eux-mêmes, parfois en s'accompagnant à la viole, ou faire appel à un interprète. Leurs compositions nous sont parvenues dans des « chansonniers », recueils anthologiques établis à partir du XIIIe siècle. Des portraits de ces poètes guerriers étaient placés en tête du premier poème sous forme de

politique n'influença pas l'usage des dialectes italiens et le français ne s'y imposa pas. En revanche, le français écrit s'exporta dans des régions sans présence française, en médecine, en droit, dans l'encyclopédie (Brunetto Latini). Marco Polo aurait dicté en français ses mémoires à Rusticien de Pise. Les échanges culturels et commerciaux franco-italiens donnent alors la priorité au français, avant le retournement du XVIe siècle. L'influence réciproque des deux langues est de toute façon considérable.

lettrines historiées. Ci-dessus, à droite, « portrait » de Guillaume IX (1071-1127), duc d'Aquitaine, premier troubadour connu, dont l'œuvre jeta les bases de la poétique de la *fin'amor*; et, à gauche, le *trobador* Albertet de Sisteron jouant de la « citole ».

nlieu ou uous soies aaise
uo delit et qutl uous plaise
i deuise comment gumgueron umt
euant lechastel ou perceual estoir
e deuise coment perceual iss hors
combatre alui til le uendi raniai

Ansi trestuit p lui prioiene
Et al de lois uenir le voient
llont a gumgueron moustre
le seoir deuant son tre
e au dois bien com li deus

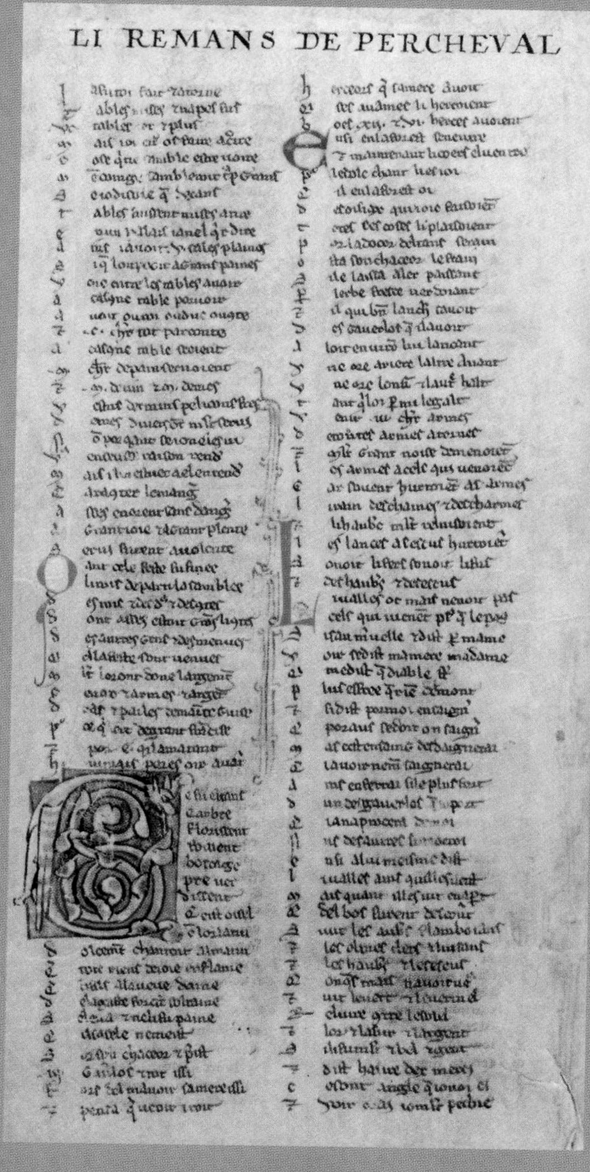

LI REMANS DE PERCHEVAL

Après la poésie courtoise d'oc, les chansons de geste et le lyrisme des trouvères du Nord, le XIIᵉ siècle voit naître le « roman ». Ce type de récit est étroitement lié à la nouvelle langue qui s'élabore, car l'écrire, c'est mettre une belle histoire en *romanz*, c'est-à-dire en « langue vulgaire ». Chrétien de Troyes (1135-1183) puise son inspiration dans la tradition celtique et les légendes bretonnes. À l'inverse des chansons de geste, dont le thème était patriotique – comme la *Chanson de Roland* – et la quête collective, les héros de Chrétien mènent une quête personnelle et identitaire. Le *Roman de Perceval* (ci-contre), écrit en 1181, relate les aventures et les épreuves du jeune chevalier Perceval en quête du saint Graal. Le mot *roman*, dans la littérature médiévale, désigne à la fois des narrations versifiées, comme celle de Chrétien, d'autres écrivains adaptant des histoires antiques (*Le Roman de Troie*, *d'Alexandre*), de grands poèmes symboliques (le *Roman de la Rose*), des vers comiques et satiriques (le *Roman de Renart*). Le passage de ces « romans » sous forme versifiée au récit en prose, sentimental ou réaliste, dans un français qui a évolué, se fera au XVᵉ siècle.

Les contacts du français avec l'Espagne, au Moyen Âge, sont surtout le fait des monastères et des pèlerinages (Compostelle). L'espagnol castillan emprunte essentiellement au français durant les XIIe et XIIIe siècles, et jusqu'au XVe siècle, alors que le catalan est en étroit rapport avec l'occitan. D'autres échanges importants de vocabulaire eurent lieu entre le moyen néerlandais parlé en Flandres, dans le Brabant, le Hainaut, et le français, souvent employé dans les cours. La domination des ducs de Bourgogne, aux XIVe et XVe siècles, fut favorable à l'usage du français. Les emprunts du français au néerlandais sont très nombreux, notamment dans les domaines du commerce (*fret*, *échoppe*), de la technique, de la pêche (*stockfisch*, *hareng saur*), de la navigation (*tribord*, *matelot*). Le français, à la même époque, influence le néerlandais.

L'influence du français, aux XIIe et XIIIe siècles, fut également très forte sur l'allemand, surtout par la poésie épique et lyrique, au nom des valeurs communes de la chevalerie. Plus tard, à partir du XIVe siècle, l'influence italienne l'emportera en Europe sur celle de la féodalité française (d'essence germanique).

Vers le monde arabe

Enfin, hors d'Europe, les croisades (huit de 1096 à 1270) furent l'occasion d'un brassage où le français du temps prit une grande part. Les langues romanes, castillan, italien, occitan, français, et le latin fournissent la matière de véritables *pidgins*, appelés la *lingua franca*. Quant au français proprement dit, il s'est parlé dans les implantations occidentales, à Chypre (à côté du grec et de l'arabe), à Antioche, dans le royaume de Jérusalem, ce qui lui donna un statut de langue officielle, à côté du grec ou du latin, en divers lieux du Moyen-Orient jusqu'à l'Arménie. Cette situation prit fin aux XIVe et XVe siècles.

Le Moyen Âge est aussi l'époque où la langue arabe, souvent par l'entremise du latin, de l'italien, du castillan, fournit des mots, en nombre limité, mais culturellement importants, au français.

En 1266, le Florentin Brunetto Latini, qui fut le maître de Dante et qui était exilé en France, rédige une encyclopédie morale et politique, le *Livre dou Trésor*. Parmi les illustrations, cette division des sciences où figurent les arts mécaniques et les sept « arts libéraux ».

Dans le prologue de son *Livre dou Trésor*, Brunetto Latini explique pourquoi il a rédigé son ouvrage en français : « Et se aucuns demandoit pour quoi cis livres est escris en romanz [français], selonc la raison de France, puis ke nous sommes italien, je diroie que c'est pour .ii. raisons, l'une ke nous sommes en France, l'autre pour çou que la parleure est plus delitable [agréable] et plus commune a totes gens. »

Aux XIIe et XIIIe siècles, ces emprunts trahissent le renouvellement de la science occidentale par l'influence de l'arabe, qui transmet aussi une partie de la philosophie grecque (Aristote). Le cas des mathématiques (*chiffre*, *algèbre*, *algorithme*) et de l'astronomie (*nadir*, *zénith*) est flagrant.

Le « haren sor » (ci-dessus), mot néerlandais passé en français, date du début du XVIe siècle.

Français oral, français écrit

Le français, comme toutes les langues de civilisation et alors comme aujourd'hui, se réalise de manière différente selon qu'il est parlé ou écrit. Au Moyen Âge, l'oral domine fortement, ce qui rend la variation plus intense. Pourtant, la place de l'écrit ne cesse d'augmenter. Des innovations techniques y contribuent, tel le passage du très coûteux parchemin au papier, à la fin de la période (XVe siècle) qui voit aussi l'invention majeure de la typographie. Le passage de la lecture à haute voix à la lecture muette, avec la diffusion de l'alphabétisation, est lui aussi essentiel. Tout écrit, y compris littéraire, surtout dans la poésie et le théâtre, est alors une notation d'un message oral, sous une forme plus surveillée. Poésie, voix humaine et musique sont indissociables (exemple : Guillaume de Machaut), mais la transcription manuscrite devient en elle-même un art.

Le français écrit, cependant, trouve très progressivement sa place dans le flot de l'omniprésent latin. Écriture et grammaire, pendant longtemps, se sont identifiées à la « langue latine ». Tout texte écrit en ancien français s'appuie sur un modèle latin. On oublie facilement que, pendant des siècles, le latin fut la langue vivante des clercs. Savoir lire et écrire signifie savoir le latin : aussi bien le parler et le comprendre que l'écrire et le lire.

Le système d'écriture, après avoir tenté de transcrire la parole, demeure calqué sur celui du latin ; divers effets perturbateurs en résultent, par exemple sur la séparation des mots. Cependant, la notation du français par l'écriture devient plus cohérente au cours du XIIIe siècle. C'est aussi au XIIIe siècle qu'apparaît une langue juridique en français, celle des « coutumiers ».

Cette progression du français au détriment du latin concerne aussi tout l'exercice du pouvoir politique royal. Le rôle de la cour du roi de France dans les programmes de traduction du latin vers le français, et dans l'enrichissement de bibliothèques où la proportion de latin diminue, deviendra très considérable à partir du XIVe siècle.

Une demande accrue de connaissances exprimées en français émerge au milieu du XIVe siècle. Charles V (1338-1380) met en place une politique systématique de traduction en français des grandes œuvres du patrimoine intellectuel européen et chrétien. Il veille personnellement à l'illustration des manuscrits destinés à sa bibliothèque où il se fait souvent représenter, dans les miniatures de dédicaces, en roi clerc ou en roi lisant (page de droite, le conseiller du roi, Jean de Vaudetar, présente au souverain la traduction française de la Bible). Charles V cherchait à incarner l'union du savoir et du pouvoir plein de sagesse – à la façon de Charlemagne –, comme l'atteste le prodigieux essor de sa « librairie » royale. Trois salles du nouveau Louvre sont réservées pour l'accueil, l'entretien et la consultation des livres. À la fin de son règne, la collection royale dépasse le millier d'ouvrages, soit les deux tiers de ce que possède alors la Sorbonne. Cette activité de traduction contribua à latiniser fortement le français écrit, et à ménager le passage de l'ancienne langue au français moderne, par le stade dit du « moyen français ».

Le « moyen français »

On a coutume de distinguer dans l'histoire du français
une période qui correspond à la fin du Moyen Âge
et à la Renaissance (milieu du XIVe siècle-début du
XVIIe siècle), que l'on désigne par « moyen français »,
après l'« ancien français ». Cette périodisation
correspond à une profonde évolution de
la langue, de l'ensemble de ses usages,
à l'écrit – notre seul moyen d'y accéder –,
mais aussi à l'oral. C'est un temps fort
de l'évolution historique : liquidation de
la féodalité, puissance et étendue accrues
du pouvoir royal, apparition des valeurs
précapitalistes et bancaires – après l'Italie
et les Flandres –, mutation technique,
économique, idéologique et culturelle.
C'est en somme, pour la francophonie
européenne aussi, l'« automne du
Moyen Âge » (Johan Huizinga).

Quant à sa structure, la langue
française de cette époque cumule
des évolutions antérieures : ainsi, la
disparition des deux cas de la déclinaison,
sujet et complément direct (ou « régime »)
a de nombreuses conséquences. L'ordre
des mots (sujet-verbe-complément)
devient plus stable, car la compréhension
exige la reconnaissance des fonctions
sans marque formelle : le nom conserve
la même forme, qu'il soit sujet ou
complément. La conjugaison des verbes
se simplifie. Surtout, le vocabulaire s'enrichit
de manière spectaculaire, en partie parce que le
français prend la place du latin pour exprimer le droit,
la chirurgie (la médecine demeure très latinisée),
la religion, l'histoire, avec comme grands témoins
Joinville et Froissart. Beaucoup de mots anciens sont
abandonnés ou changent de sens. Dans l'ensemble,
cette époque fournit au français « la moitié du
vocabulaire actuel » (Pierre Guiraud). Plus on
abandonne le latin, plus on adopte en français de mots
du latin classique et religieux, par des emprunts écrits

Autodidacte ne
sachant bien ni le grec
ni le latin, le chirurgien
Ambroise Paré (1510-
1590) publia à dessein
ses ouvrages en français
(ci-dessous, *Méthode
curative des playes
et fractures de la teste*

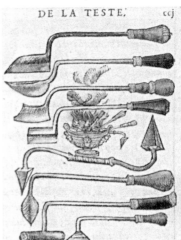

*Le cautere actuel est plus commode
aux os carieux que le potentiel, à cause
qu'il opere plus promptemēt, & qu'il ne
communique sa vehemēce aux parties
proches. Aussi n'est cause de si grande*

humaine, 1561). « Je
n'ay voulu escrire en
autre langaige que
le vulgaire de nostre
nation, ne voulant estre
de ces curieux, et par
trop supersticieux, qui
veulent cabaliser les
arts et les serrer soubs
les loix de quelque
langue particulière »,
explique Paré dans
un avis au lecteur.

Jean Froissart (v. 1337-v. 1404) est surtout réputé pour ses *Chroniques*, témoignage essentiel à la compréhension de l'histoire européenne du XIVe siècle et de la guerre de Cent Ans. Historien officiel à la cour de Philippa de Hainaut, l'épouse du roi Édouard III d'Angleterre, de 1361 à 1369, il voyage par la suite en Angleterre, en Écosse, au pays de Galles, en France, en Flandre et en Espagne, recueillant la matière première de ses chroniques qu'il rédige en français. L'image représentée sur cette enluminure le montre écrivant le récit de la bataille de Stirling en l'an 1314. Froissart est un écrivain à la fois médiéval et moderne. Médiéval par sa manière d'écrire, encore très marquée par la *scripta* de Picardie, et moderne par l'enrichissement du vocabulaire. Par ses qualités littéraires, notamment le pouvoir d'évocation de sa prose, Froissart prépare les narrations historiques de l'avenir. Par son style, par sa liberté de ton et par ses implications personnelles, il transcende la chronique médiévale ; c'est un témoin – plus qu'un historien au sens moderne. Il fut aussi un délicat poète, et l'un des premiers écrivains français à bénéficier de l'imprimerie.

(on dit aussi « savants ») qui ajoutent aux vieux mots du fonds oral des « doublets » (*nager-naviguer, frêle-fragile, entrer-intégrer, hôtel-hôpital*, chaque couple venant du même mot latin). Ainsi, en quelques siècles, les formes orales et populaires de latin parlées en terre gallo-romaine ont donné naissance à un ensemble de parlers distincts du latin. Ces parlers « romans » se sont regroupés autour d'une langue de référence, adoptée par le pouvoir royal, issue de l'Île-de-France et de Paris, et définie à l'écrit par les usages littéraires, politiques et juridiques : le français.

⚘ LA DEF-
FENCE, ET ILLVSTRA-
TION DE LA LANGVE
FRANCOISE.
Liure premier.

⚘ *l'Origine des Langues.*
Chap. 1.

I LA NATVRE (dõt quelque Personnaige de grand' renõmée non sans rayson a douté, si on la deuoit appeller Mere, ou Maratre) eust donné aux Hommes vn cõmun vouloir, & consentement, outre les innumerables commoditez, qui en feussent procedées, l'Inconstãce humaine, n'eust eu besoing de se forger tant de manieres de parler. Laquéle diuersité, & confusion, se peut à bõ droict appeller la Tour de Babel. Donques les Langues ne sont nées d'elles mesmes en façon d'Herbes, Racines, & Arbres: les vnes infirmes, & debiles en leurs espéces: les autres saines, & robustes, & plus aptes à porter le faiz des cõceptions humaines: mais

a iiii

Au XVIe siècle, le français devient adulte. Il s'affirme, s'émancipe du latin; sa littérature s'enrichit; le pouvoir veut en faire la langue de tous les Français. Sa progression en Bretagne, en Occitanie, en Suisse, en Savoie est lente et contrariée, alors que son prestige s'accroît. Devenu langue de l'élite princière en Europe, il s'établit aussi dans les « îles », à côté du créole et s'implante au Canada, malgré la présence de l'anglais qui en limite l'expansion.

CHAPITRE 3

RENAISSANCE ET EXPANSION

En 1549, Joachim du Bellay, poète féru d'Antiquité et de latin, publie *Deffence et Illustration de la langue françoise* (page de gauche), ouvrage dans lequel il entendait mettre le français à égalité avec le latin en l'enrichissant de mots nouveaux forgés à partir de racines grecques et latines. Ci-contre, la ville de Québec en 1688, premier grand site francophone d'Amérique.

Le stade du miroir

Si le XVIᵉ siècle est en France inscrit dans un état de langue bien proche de celui des deux siècles précédents – le « moyen français » –, l'époque connaît une révolution dans le ressenti de la langue. Et même si les choses changent dans la

Rancoys

Par la grace de dieu Roy de France. Scauoir faisons a to⁹ presens et aduenir/ Que pour aucunement pouruoir au bien de nostre iustice/abreuiation des proces/et soulagemēt de noz subiectz/ Auons par edict perpetuel et irreuocable/ statue et ordonne/ Statuons et ordonnons les choses qui sensuyuent.

matérialité du parler et de l'écrit (on ne prononce plus guère le *t* final de *petit*, le *r* des infinitifs en -*er* et les *s* des pluriels), les diphtongues disparaissent (on disait *aotant'* pour *autant*), ce sont surtout les attitudes qui sont bouleversées. Alors que l'éloge du français, surtout esthétique, se faisait contre les dialectes ou d'autres langues vivantes, la langue de France va s'inscrire dans une nouvelle répartition par rapport aux langues anciennes, latin et grec.

Ce n'est pas un hasard si deux textes continuent aujourd'hui à symboliser la « restitution » (on ne disait pas encore *renaissance*) du français : l'ordonnance de Villers-Cotterêts (1539), côté droit et administration, et la *Deffence et Illustration de la langue françoise* de Du Bellay, côté littérature et humanisme.

L'ordonnance de Villers-Cotterêts s'en prend nommément aux « mots latins » et impose le « langage maternel françoys », alors qu'auparavant, il s'agissait surtout de « langage françois *ou* maternel ». Même type de formulation en 1535 en Provence (ordonnance d'Is-sur-Tille). Le réglage entre latin, « langage maternel » et « françoys » est évidemment différent selon les régions ; mais c'est toujours le latin qui est visé, et toujours au nom de la clarté. Les justiciables, l'immense majorité, ne comprennent plus le latin, certains maîtrisant mal ou pas du tout la langue du roi.

Les écrivains sont rejoints par les érudits, traducteurs, humanistes pour affirmer les valeurs,

La première page de l'ordonnance de Villers-Cotterêts (en haut) s'ouvre sur le nom du roi, Francoys, éponyme de la langue du royaume.

prestiges et qualités de la langue française. Ils
sont soutenus par le pouvoir royal, surtout sous
François I⁰ʳ. Le point de vue est différent chez les
humanistes et les poètes, tel Du Bellay, qui plaident
pour la reconnaissance de la valeur du français,
qu'il faut à tout prix enrichir.

Mais tout converge, pour la langue française,
non seulement vers une défense et une illustration
– par la création –, mais vers une unification et une
expansion. Des facteurs techniques y contribuent,
l'imprimerie étant le plus évident : de 1500 à 1575,

Sous le règne de
François I⁰ʳ (1515-
1547), la loi, l'école,
la littérature et les arts
contribuent à associer
le pouvoir royal à
l'exaltation de la
langue française,
support d'une culture
nationale. Le roi
poursuit la politique
de traduction en
français des textes
anciens, amorcée par
ses prédécesseurs.
Ci-contre, Antoine
Macault (à gauche,
vêtu de noir, bonnet
érasmien) lit au roi
sa traduction de
l'historien grec
Diodore de Sicile.
Le roi fonde le Collège
des lecteurs royaux
(actuel Collège de
France), ébauche de la
Bibliothèque nationale,
et encourage la
publication d'ouvrages
en d'autres langues
que le latin, en créant
l'Imprimerie royale
en 1543. Dès lors, les
écrits en « françoys »
se multiplient. Sous
son règne, des poètes
réunis dans une
« brigade » (future
« Pléiade ») donnent
à la France et à sa
langue un nouvel art
poétique : Pierre de
Ronsard en est le
centre et Pétrarque
l'inspirateur.

le pourcentage de livres en français publiés en
France passe d'environ 10 % (77 % étaient en latin,
7 % en italien…) à plus de 50 %. La typographie
devient essentielle pour régler l'écriture : Geoffroy
Tory et Étienne Dolet s'appuient sur elle pour
normaliser le français.

Es gens doctes ont d coustume de faire fer uir les accents en deu fortes. L'une est en pronunciation, & ex pression de uoix : ex pression dicte quan tité de uoyelle. Laul tre en imposition d marcque sur quelcqu diction.

Maîtrise et enrichissement du français

Augmentant son spectre d'usage, s'affirmant aux dépens, et du latin, et des langues maternelles, notamment l'occitan, le français écrit, imprimé, s'unifie. En même temps, il tente de mieux se connaître ; à côté de l'« illustration » littéraire et poétique, une illustration rationnelle s'organise : celle des grammaires et des recueils de lexique, désormais nommés en français *dictionnaires* ou *trésors*. Robert Estienne, en 1539, retourne son *Dictionarium latinogallicum* (« latin-français ») publié huit ans auparavant et l'appelle

preç'q'impc

Dictionaire françois-latin contenant les motz et manieres de parler françois tournez [traduits] *en latin*. C'est l'ancêtre des futurs dictionnaires français, la partie latine étant devenue un simple repérage avec le *Thresor* de Jean Nicot (1606).

   Le besoin de maîtriser la langue française est d'autant plus intense que sa connaissance spontanée est encore limitée en France même et qu'à l'étranger, son prestige – en recul, d'ailleurs –

Le rôle des imprimeurs dans l'évolution de l'écrit est fondamental : l'humanisme est indissociable du signe graphique, du livre et de la lecture. En 1540, Étienne Dolet publie *La Manière de bien traduire d'une langue en aultre*. Il y insiste sur le code qui permet de représenter la parole par l'écriture, avec un chapitre sur les accents (début ci-dessus), et un autre sur la ponctuation. Robert Estienne avait introduit l'accent aigu en 1530, Sylvius, le grave et le circonflexe un an plus tard. Le *e* cédille (Louis Meigret, ci-dessus), a cependant disparu.

est grand. La première grammaire moderne du français est publiée en Angleterre en 1530 : c'est *L'Esclaircissement de la langue françoyse* de John Palsgrave.

L'ouvrage de Palsgrave est à la fois grammaire et dictionnaire ; un an avant (1529) avait paru le *Champfleury* de Geoffroy Tory, qui part de considérations esthétiques de typographie pour envisager la nature de la langue française. Avec Sylvius (Jacques Dubois), Louis Meigret, Pierre de la Ramée, dit Ramus, la grammaire, encore imprégnée de latin, construit ses méthodes et son vocabulaire : les mots *conjugaison, syntaxe, terminaison* apparaissent à cette époque ; *adjectif* et *adverbe* sont aussi du « moyen français »

THRESOR
DE LA LANGVE
FRANCOYSE, TANT
ANCIENNE
que Moderne.

AVQVEL ENTRE AVTRES CHOSES SONT LES MOTS PROPRES DE MARINE, VENERIE, & Faulconnerie, cy deuant ramassez par AIMAR de RANCONNET, viuant Conseiller & President des Enquestes en Parlement.

REVEV ET AVGMENTE EN CESTE DERNIERE IMPRESSION DE PLVS DE LA MOITIE; Par IEAN NICOT, viuant Conseiller du Roy, & M^r. des Requestes extraordinaire de son Hostel.

AVEC VNE GRAMMAIRE FRANCOYSE ET Latine, & le recueil des vieux prouerbes de la France. Ensemble le Nomenclator de Iunius, mis par ordre alphabetic, & creu d'vne table particuliere de toutes les dictions.

DEDIE A MONSIEVR LE PRESIDENT BOCHART, SIEVR DE CHAMPIGNY, &c.

A PARIS,
Chez DAVID DOVCEVR, Libraire iuré, ruë sainct Iaques, à l'enseigne du Mercure arresté. M. DC. VI.
Auec priuilege du Roy, & de l'Empereur.

sibl' ęn noſtre lange

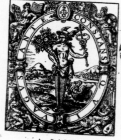

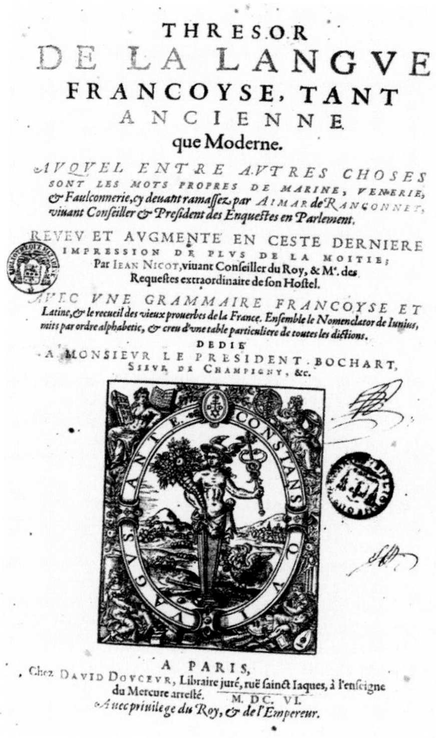

(XIVe-XVe siècle). Au XVIe siècle, on discute de l'orthographe, qui varie selon les imprimeurs ; les accents aigu, grave et circonflexe, dus à Robert Estienne et à Sylvius, éclaircissent l'écrit. Meigret plaide pour une écriture phonétique.

En littérature, surtout en poésie, enrichir la langue par recours aux mots des régions – venus des dialectes – est un devoir, et la créativité poétique porte sur la nature même de la langue.

Le Thresor de la langue françoyse, tant ancienne que moderne, de Jean Nicot (ci-dessus), est en France le premier dictionnaire à réduire au minimum la place du latin. Chaque mot fait ainsi l'objet d'une définition en français.

LE SEGOND LIVRE.　　FEVIL.XXX.

b
BACCHVS
CERES ET
VENVS
SONT ICY
MENEZ CA
PTIFZ.

V Ela donques comme ſay dit, commant le I,
eſt le modele & proportion aux lettres At=
tiques, Ceſt a ſçauoir, a celles qui ont iambes dro=
ittes. Nous verrons de le O. ou nous ferons le B.
qui eſt de le I. & de le O, entendu quil a iambe &
panſe qui denote briſeure.

E N ceſt endroit louuant noſtre ſeigneur Dieu,
Ie feray fin a noſtre Segond liure, au quel
auons ſelon noſtre petit entendement demon=
ſtre lorigie des lettres Attiques & auõs voulu ſua=
der & prier, la quelle choſe encores prions, que
quelques bons eſperits ſeuertuaſſent a mettre no=
ſtre langue francoiſe par reigle, afin quen peuſ=
ſions vſer honneſtement & ſeurement a coucher
par eſcript les bonnes Sciences, quil nous fault
mendier des Hebreux, des Grecs, & des Latins,
& que ne pouuons auoir ſans grans couſts / fraiz /
& deſpens de temps & dargent.

LA FIN DV SEGOND LIVRE.

Ordónã
cede le
A, faiĉt
de trois
I.ſus la
fleur du
Liſſlãbe.

Notez
bien icy,
& enten=
dez.

LETTRE BASTARDE. FEVIL. LXXV.

Assez demande
qui bien sert

O.dif.

Le *Champfleury* de Geoffroy Tory (1480-1533), publié en 1529, marque une étape essentielle dans la mise en forme de l'écriture imprimée, pour le français. Grammairien, et philosophe de formation, Tory travaille pour différents imprimeurs, parmi lesquels Henri Estienne. Désireux d'imprimer des manuscrits en français à une époque où, pensait-on, seuls les livres en latin pouvaient se vendre, il invente pour cela de nouveaux caractères typographiques. Comme traité d'imprimerie, le *Champfleury* confère à la lettre les proportions idéales de la beauté humaine inspirées de l'*Architecture* de Vitruve. Il propose ainsi un idéal de l'« honneste langage », en pratiquant une véritable « esthétique de la langue française » (Remy de Gourmont), qui suppose un purisme réfléchi. La perfection formelle du graphisme devient le signe visible d'une perfection de la langue elle-même, qui suppose l'élimination des formes incertaines des dialectes et le refus des hybridations. L'esthétique est au service de la morale, et l'idéal artistique du grand imprimeur devient un guide pour tout écrivain, et peut-être pour tout praticien du français.

Ronsard, vendômois, et Du Bellay, angevin, dominent la scène ; inspirés par le latin classique et l'italien, eux et d'autres élaborent une langue littéraire française, dont Henri Estienne va célébrer la « précellence » et dont Charles Pasquier, à la fin du siècle, va chercher les sources dans ses *Recherches de la France*.

Michel de Montaigne (ci-contre), l'un des plus grands écrivains européens, a eu un rapport complexe avec les langues : élevé en latin, entendant autour de lui plus d'occitan que de français, il décida d'employer cette langue dans les *Essais*, considérant que l'expression de la pensée importait plus que le choix de la langue.

Deux œuvres majeures montrent les possibilités immenses du français, face au latin : c'est l'inépuisable et explosive prose de Rabelais, puis, à la fin du siècle, la sagesse et la liberté, elles aussi « hors norme », de l'Occitan Michel Eyquem de Montaigne. Deux sommets de la littérature mondiale, inépuisables et inépuisablement commentés. Mais aussi deux réflexions sur la nature des rapports entre pensée, imagination et langage.

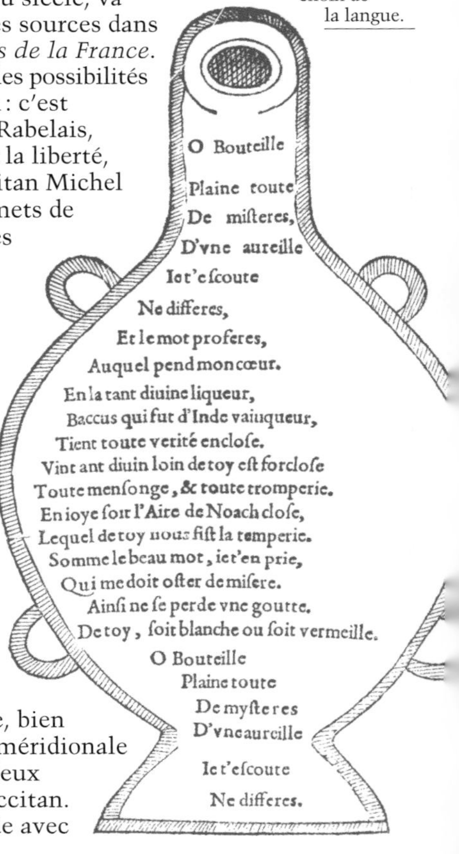

Tours de vis et levée d'écrou

Dans l'époque troublée, sanglante, de la France autour de 1600, le débat entre liberté et richesse expressives, d'une part, illustrées par les idées de la Renaissance, et épuration et bon goût, de l'autre, prônés notamment par Malherbe, un poète qui se voulait censeur de la langue, va se poursuivre pendant plus d'un siècle.

Politiquement comme littérairement, le français s'impose, bien que la France se déchire, sa partie méridionale célèbre le provençal et le gascon, deux formes perçues et valorisées de l'occitan. Cette renaissance occitane coïncide avec

O Bouteille
Plaine toute
De misteres,
D'vne aureille
Iot'escoute
Ne differes,
Et le mot proferes,
Auquel pend mon cœur.
En la tant diuine liqueur,
Baccus qui fut d'Inde vainqueur,
Tient toute verité enclose.
Vin ant diuin loin de toy est forclose
Toute mensonge, & toute tromperie.
En ioye soit l'Aire de Noach close,
Lequel de toy nous fist la temperie.
Somme le beau mot, iet'en prie,
Qui me doit oster de misere.
Ainsi ne se perde vne goutte.
De toy, soit blanche ou soit vermeille.

O Bouteille
Plaine toute
De mysteres
D'vne aureille
Iet'escoute
Ne differes.

le règne du Béarnais Henri IV. Son fils, le futur Louis XIII, apprend cependant à s'exprimer en français dans une cour où l'italien – sa mère est Marie de Médicis – et le gascon s'entendent. Nous en savons le détail grâce aux comptes rendus de son médecin Héroard, de 1602 (l'enfant a un peu plus d'un an) jusqu'à son adolescence.

Tandis que Philippe Desportes, Mathurin Régnier, ainsi que les écrivains que nous appelons « baroques » se servent de la langue sans mesure – comme le fait Shakespeare en anglais à la même époque –, tandis que Marie de Gournay prétend continuer la liberté, la créativité de son grand modèle – Montaigne, dont

François Rabelais (v. 1494-1553) s'éleva contre la pédanterie latine pour défendre la langue vulgaire (populaire). L'oracle de la « dive (divine) bouteille » (page de gauche) symbolise, entre autres mystères, la force poétique du « langage françois », auquel le génial maître François confère une force expressive et comique inouïe et explosive.

elle était la « fille d'alliance » –, luttant avec talent, mais sans succès, contre le purisme autoritaire qui commence à s'exprimer, un gentilhomme normand, nommé Malherbe, poète lyrique parfois de grande inspiration, mais aussi poète courtisan, religieux et galant, de tempérament impérieux, va faire carrière à la cour d'Henri IV et de Marie de Médicis, en champion du bon français face aux « jargons » et aux langues métissées de ce milieu.

Lorsque Marie de Médicis, après l'assassinat de son époux Henri IV, devient régente de France et souveraine de fait (ci-dessus), sa cour représente le plurilinguisme du pays : on y parle le français, l'italien, le gascon et le béarnais.

Malherbe, qui a les moyens de ses passions, par sa position de courtisan influent, rêve d'extirper de France les jargons ; il invente un usage commun à toutes les classes de la société, en dépit du réel. C'est pourquoi il peut donner en modèle, non la manière de parler des « crocheteurs » (dockers) du Port-au-Foin, mais une langue unifiée qu'ils peuvent comprendre et qui permet de prétendre que l'on peut parler le français de la Cour, le seul qui vaille, à la bourgeoisie et au peuple. Comme l'écrivait le poète Théophile, « Malherbe a très bien fait, mais il a fait pour lui […]. » Il ajoutait : « J'aime sa poésie, mais non pas sa leçon. »

Une institution pour la langue française

Cette leçon va devenir, grâce à Richelieu, collective et régulatrice. Les cercles littéraires, qui s'inspirent d'institutions étrangères, telle la célèbre Accademia della Crusca de Florence, ne suffisaient pas pour donner un écho politique à l'amélioration de la langue du royaume. C'est autour d'eux, cependant, que Richelieu organise en 1634 la première Académie française. De grands projets, un dictionnaire, une grammaire, une rhétorique, des ambitions, une doctrine exprimée en 1647 par Vaugelas conduiront lentement la « Compagnie » vers son destin.

La réflexion académique sur la langue française prend place dans une société en évolution. Le français, qui devient compréhensible par de plus en plus de locuteurs des dialectes et des langues régionales, ne peut être le même selon les lieux, ne serait-ce que par les contacts : breton, occitan, basque, langues germaniques…, ni selon les niveaux sociaux. L'usage dominant de la Cour est lui-même divisé, celui de la « Ville » (Paris) aussi, et une norme bourgeoise se dégage, à côté des habitudes de parler des autres villes, selon les langues et dialectes des régions, franco-provençal à Lyon, où l'italien était à la mode, provençal à Marseille, ou encore par proximité du breton à Rennes… Quant aux campagnes, on y parle surtout les dialectes, patois ou d'autres langues, mais

Ouvrages Moraux, Politi

De tous les projets prévus par Richelieu, l'Académie ne mit en œuvre que celui du dictionnaire. Mais l'exécution, ponctuée par le conflit avec Furetière, fut très lente, et il fallut toute l'autorité de Colbert pour que la première édition du *Dictionnaire de l'Académie française* parût enfin en 1694, après les recueils de Richelet (1680) et de Furetière (1690).

le français peut y figurer comme idiome de prestige et des relations avec l'extérieur.

Le paradoxe des mots

Dans l'évolution du lexique, un grand paradoxe se manifeste, qui s'amplifiera au XVIIIe siècle. Tandis que la doctrine officielle vise à éliminer les mots anciens, vulgaires, techniques, pour ne garder que le vocabulaire de l'« honnête homme » dans l'image de la langue, les besoins de désignation conduisent, après les centaines d'emprunts au grec, à l'italien, des périodes précédentes, à un enrichissement constant, en relation avec l'évolution des sciences, des techniques, de la « manufacture ». Ce paradoxe est bien illustré par la vogue des dictionnaires généraux de la langue.

En 1659, Antoine Furetière (1619-1688 ; à gauche), qui cherche à se faire élire à l'Académie, compose la *Nouvelle Allégorique*, en guise d'hommage dans lequel il illustre le combat de l'Académie française et de ses quarante « barons » contre le souverain abusif Galimatias – le mauvais français (ci-contre). Poète, romancier, surtout connu comme lexicographe, Furetière fut élu académicien en 1662. Jugeant la préparation du dictionnaire académique incomplète et trop lente, il élabora son propre dictionnaire, riche en termes scientifiques et techniques. La chose s'ébruita. Les Académiciens, se sentant trahis, obtinrent son exclusion. Furetière se vengea en publiant de spirituels *factums* critiques, qui constituent, au-delà de la polémique, une réflexion remarquable sur la confection des dictionnaires français. En 1690, deux ans après sa mort, son *Dictionnaire universel* parut aux Pays-Bas, ouvrant la voie aux dictionnaires encyclopédiques des Lumières.

Desinentia in ans, et in ens.

PROVINCE DV PAR

Courier du Roy Poeta

Nomina desinentia in tor, et in trix.

Les gerundik et s

Le Royaume du Nom.

Naures charg. nombres et

Au XVIIe siècle,
on aime représenter,
comme sur une carte
illustrée, diverses
configurations
abstraites, grâce aux
mots. Un exemple
célèbre est celui de la
Carte du Tendre, qui
est celle du pays des
sentiments amoureux
et de leurs noms. Les
faits de langage ne sont
pas absents de cet art
de l'allégorie graphique.
Une grammaire en
figures, sous l'égide
des sciences et des
lettres, se termine par
le « Combat entre les
noms et les verbes et
leurs alliez » (ci-contre).
Entre le royaume du
nom (à gauche) et celui
du verbe, plus exotique
avec ses dromadaires,
des navires « chargez
de cas, de nombres et
de genres » (écho de
la grammaire latine)
franchissent une mer.
En haut, le souverain
de la « Province du
participe » arbitre le
débat. L'allégorie peut
être déchiffrée comme
celle des lois du
langage, issues d'une
guerre de pouvoirs, et
de la paix imposée par
le souverain, en dépit
des affrontements et
des dangers. Une
manière d'affirmer que
la grammaire et le style
sont politiques, et que
les règles, dépassant
les contradictions de
la pensée et de ses
signes – ici les verbes
et le nom, le prédicat
et l'argument –,
nécessitent un
arbitrage autoritaire.

À partir de 1680, apparaissent donc des dictionnaires français sans trace de latin, destinés à tous ceux, étrangers ou français, qui veulent maîtriser mieux la langue, comme celui de Pierre Richelet, parfois à refléter la variété des usages et les termes nécessaires pour exprimer les connaissances modernes (Antoine Furetière, 1690) et enfin à montrer la raison et le bon goût dans un langage épuré des « mauvais usages », ce qui est l'un des objectifs du premier dictionnaire de l'Académie française, paru en 1694.

Ce qui montre qu'à la fin du XVIIe siècle, on ne peut plus entièrement cacher les usages autres que celui qu'autorise Vaugelas, y compris l'usage raffiné, inventif, de la préciosité. Sur la scène, Molière les expose, quitte à s'en moquer, quand il fait parler précieux, pédants, paysans, bourgeois, sans parler du latin de cuisine des médecins ou du « jargon allemand » de *L'Étourdi*.

L'étude du français pour lui-même

À la même époque, à côté des « remarques » normatives censées maintenir le français dans d'étroites limites – Vaugelas, puis, plus finement, le père Bouhours –, apparaissent des tentatives pour en dévoiler la nature et la raison. La *Grammaire* et la *Logique* de Port-Royal, dans l'esprit de Descartes, sont aux grammaires normatives ce que *L'Esprit des lois* de Montesquieu sera aux traités de jurisprudence, une recherche de raison.

Sur un autre plan, Gilles Ménage (1613-1692), servi par la connaissance récente du latin médiéval (décrit par le père Du Cange), s'attache à révéler les *Origines de la langue françoise* (1650), ouvrage développé en 1694, ouvrant la voie à l'étymologie moderne.

Tout cela est utile pour valoriser le français et vanter ses avantages par rapport au latin. Cette langue continue à dominer la religion, mais son usage dans les sciences et la philosophie n'est plus exclusif. Bacon et Galilée écrivent en latin, mais pas Bernard Palissy.

Le *Dictionnaire de l'Académie* (première édition ci-dessus) fut l'objet de nombreux pamphlets prédisant l'« enterrement » du recueil académique et son « expulsion de la région céleste ». Parmi eux, cet opuscule anonyme paru en 1696 à Bruxelles sous le titre de *Dictionnaire des Halles* (en haut), composé d'extraits malicieusement choisis parmi le vocabulaire populaire ou jugé malséant contenus dans l'ouvrage de l'Académie.

Descartes passe au français (*Discours de la méthode*, 1637) et Newton à l'anglais (*Opticks*, 1704, année où Leibniz répond en français au texte anglais de Locke, par les *Nouveaux Essais sur l'entendement humain*).

Ces évolutions réveillent les querelles entre les partisans exclusifs du « bon usage » à la Vaugelas, qui sont les tenants d'une culture mondaine et aristocratique, et ceux d'une culture moderne, philosophique et scientifique.

Au milieu du XVIIᵉ siècle, les *Proverbes* gravés par Jacques Lagnet enregistrent les manières de parler des miséreux, des escrocs et coquillards, faux pèlerins de Compostelle (ci-dessous).

Le siècle des Lumières

Au XVIIIe siècle, le statut de la langue française, en tant que système, change peu. On note des évolutions dans la prononciation, un enrichissement du vocabulaire, qui augmente avec l'apport accru de la langue anglaise (sciences, politique), mais sans bouleversement.

L'évolution de l'orthographe normalisée va dans le sens d'une simplification. Elle est prise en main par l'Académie. En 1740, son dictionnaire modifie la graphie de cinq mille mots sur vingt mille. *Asne* devient *âne*, *estre être*, *enfants* s'écrit *enfans* (mais ce *t* pourtant non prononcé sera rétabli plus tard). En 1776, les *beautez* s'écrivent *beautés*. L'évolution de l'usage est prise en compte et la simplification est à l'ordre du jour.

Le vocabulaire, dans ses nouveautés, reflète les préoccupations du temps : caché dans des formes d'origine latine, les idées du parlementarisme britannique s'introduisent en français : *gouvernemental*, *parlement* (qui change de sens). Sciences et techniques sont bouleversées. Voltaire, faisant l'apologie de Newton, est un fournisseur d'anglicismes, plaçant ailleurs son purisme exigeant (les remarques sur Corneille). Quand l'anglais ne suffit pas, on recourt au grec : le cas de la nouvelle nomenclature chimique de Lavoisier, Guyton de Morveau, Berthollet et Fourcroy est célèbre, avec, par exemple, les mots *oxygène* et *hydrogène*, à côté des nouveaux concepts cachés dans de vieux mots : *acide*, *base*... Pour les termes pris au grec, l'anglais et l'allemand peuvent servir de vecteur : cela s'accentuera au XIXe siècle.

Un souci nouveau porte sur le choix du mot le plus exact pour traduire une pensée, tendance qui, au XVIIe siècle, était masquée par celle du vocable socialement le meilleur. Les remarques de Fénelon, partisan de l'enrichissement et de l'ouverture au sein même de l'Académie, la publication de l'abbé Gabriel Girard (1677-1748), explicite sous le nom de *Traité de la justesse de la langue françoise ou Les différentes significations des mots qui passent pour synonymes* (1718), les nombreux ouvrages sur les synonymes qui

L'ouverture d'esprit qui marque l'époque des Lumières se traduit entre autres par une intense activité intellectuelle des salons, souvent tenus par des femmes d'esprit. Bernard Le Bovier de Fontenelle (1657-1757), philosophe, écrivain, poète et grand vulgarisateur scientifique, était membre de l'Académie française et de celle des sciences (ci-dessus, au centre, chez Mme de Tencin, entre l'auteur dramatique Lamotte-Houdar et le mathématicien Joseph Saurin).

Antoine Laurent de Lavoisier (1743-1794), en inventant la chimie moderne, en a fixé les termes dans sa *Méthode de nomenclature chimique* parue en 1787 (ci-dessous). Selon lui, toute science est formée de faits, d'idées et de mots : « Le mot doit faire naître l'idée ; l'idée doit peindre le fait : ce sont trois empreintes d'un même cachet ; et, comme ce sont les mots qui conservent les idées et qui les transmettent, il en résulte qu'on ne peut perfectionner le langage sans perfectionner la science, ni la science sans le langage. » Dès lors, les nomenclatures scientifiques vont envahir les vocabulaires des langues d'Europe.

mot doit faire naître l'idée

s'ensuivent, notamment celui de Condillac, tout cela aboutit à la levée des interdits sociaux au nom de la rigueur sémantique. La libération des contraintes, la défaite des partisans des Anciens, qui correspond au recul du latin, le désir de nommer ce qui change dans le monde et de libérer la pensée, celui de vulgariser la science, celui de repenser le droit (Montesquieu), la psychologie et la pédagogie (Jean-Jacques Rousseau), la volonté de s'émanciper de la tutelle catholique (Voltaire, Diderot), voire d'exprimer un matérialisme (d'Holbach), tout va dans le même sens : enrichir et préciser l'expression de la pensée.

	Noms nouveaux.	Noms anciens correspondar
Substances simples qui appartiennent aux trois règnes & qu'on peut regarder comme les élémens des corps.	Lumière........	Lumière.
	Calorique.......	Chaleur.
		Principe de la chaleur.
		Fluide igné.
		Feu.
		Matière du feu & de la chal
	Oxygène........	Air déphlogistiqué.
		Air empiréal.
		Air vital.
		Base de l'air vital.
	Azote..........	Gaz phlogistiqué.
		Mofete.
		Base de la mofete.
	Hydrogène......	Gaz inflammable.
		Base du gaz inflammable.
Substances simples non métalliques oxidables & acidifiables.	Soufre.........	Soufre.
	Phosphore......	Phosphore.
	Carbone........	Charbon pur.
	Radical muriatique.	Inconnu.
	Radical fluorique .	Inconnu.
	Radical boracique.	Inconnu.
Substances simples métalliques oxidables & aci	Antimoine......	Antimoine.
	Argent.........	Argent.
	Arsenic........	Arsenic.
	Bismuth.......	Bismuth.
	Cobolt.........	Cobolt.
	Cuivre........	Cuivre.
	Etain..........	Etain.
	Fer............	Fer.
	Manganèse.	Manganèse.
		Mercure.

Au XVIIIe siècle, à côté de l'*Encyclopédie*, qui donne au vocabulaire français le sceau de la modernité, d'importants dictionnaires spéciaux reflètent l'enrichissement et la libération des connaissances. Par ailleurs, savoir et style, science et littérature se pénètrent l'un l'autre. Les « femmes savantes » cessent d'être ridiculisées : les grands salons littéraires féminins réunissent des écrivains-savants, tels l'abbé Prévost, Fontenelle, Diderot.

C'est aussi l'époque d'une réflexion active sur la nature du langage. Du Marsais est le véritable créateur d'une sémantique dans son *Traité des tropes*. Diderot, Condillac, influencés à la fois par Port-Royal et par la philosophie anglaise (Locke), développent une science des idées dans et par le langage.

Succès, prestiges et illusions : le français « universel »

Sur le plan de l'expansion, les deux siècles qui vont du règne de Louis XIII à la Révolution de 1789 forment une continuité. Le français, partout où il se parle, gagne des locuteurs : en France, en Europe, hors d'Europe ; mais il ne s'agit pas toujours du même français.

Dans l'espace du royaume de France, si un français relativement normalisé se répand au nord de la Loire, avec de sérieuses poches de résistance en Bretagne, en Flandre, en Lorraine et en Alsace, le Sud continue à pratiquer à l'oral une forme d'occitan. Le français y demeure langue étrangère privilégiée, sauf dans certains milieux.

Hors de France, c'est le nord de l'Europe qui constitue un terrain favorable. En Angleterre, après Cromwell et le rétablissement de la royauté, l'usage du français redevient une mode. Situation assez voisine en Allemagne, où, dans l'Ouest (Palatinat,

Le roi de Prusse Frédéric II adopte la langue française. Il écrit des poèmes et des essais, tient une correspondance suivie avec Voltaire (en haut), et d'Alembert, préface un extrait du *Dictionnaire* de Bayle, mais sa conception du français est classique et puriste. Comme Catherine II de Russie, il fonde une Académie de Berlin en français (à droite).

Hesse), on parle, écrit et publie en français, langue de culture qui peut se substituer au latin. Le mouvement d'intérêt pour le français, devenu peu à peu langue diplomatique, s'accroît au XVIIIᵉ siècle, mais plus lentement qu'on l'a pensé.

L'engouement de souverains d'Europe du Nord est vif. Frédéric II de Prusse, après la princesse Sophie-Charlotte qui avait créé une Académie de Berlin en français, Elizabeth de Russie, puis Catherine II, ou encore Gustave III de Suède introduisent et favorisent

Au XVIIIᵉ siècle, un grand aristocrate ou un prince se doit de parler la langue française. Gustave III de Suède (1748-1792), très francophile, entretient des relations privilégiées avec la France. Connaissant parfaitement le français, il lit dans leur version originale

le français dans leurs pays respectifs, soit en tant que véhicule d'une pensée nouvelle, illustrée par Voltaire, D'Alembert ou Diderot, avec lesquels correspondent ces princes, soit en tant qu'usage élégant pour les élites, le théâtre ou la poésie.

Mais ni la pratique du français par les souverains et par une minorité cultivée, ni son emploi dans les traités et les échanges diplomatiques, ni même un engouement collectif comme celui qui saisit l'aristocratie et l'intelligentsia russes ne correspondent à une diffusion en profondeur. Au XVIIIᵉ siècle, l'enseignement du français recule en Angleterre comme en Hollande.

les philosophes des Lumières. L'étiquette de la cour de Suède imite celle de Versailles, et on s'y habille à la française (ci-dessus, en 1779, au château de Drottningholm).

L'ambiguïté entre langue et culture, voire entre langue et idéologie, est grande, ce qui rend la situation instable.

À cette époque, le rôle du français est particulièrement important en Hollande, centre actif de l'édition en français et, surtout après la révocation de l'édit de Nantes (1685), refuge d'un milieu protestant francophone actif. Livres, périodiques, journaux en français font d'Amsterdam et de Rotterdam des centres de diffusion essentiels, qui en arrivent à concurrencer l'édition en France même.

Mais, tant aux Pays-Bas qu'en Allemagne, les protestants d'origine française vont s'assimiler. Sous le règne de Louis XIV, la pratique du français est en recul dans les milieux réformés.

En Wallonie et en Suisse

La situation est différente en Wallonie, en Suisse, au Luxembourg, où un usage dialectal et local (wallon, dialectes franco-provençaux de Suisse, dialectes germaniques) s'articule avec l'usage du français (et de l'allemand pour la Suisse alémanique).

En Helvétie, officiellement germanophone, le français s'est donc superposé aux dialectes franco-provençaux, surtout avec l'établissement des huguenots et avec le rôle majeur de Genève, à partir de Calvin. Il est normalisé par l'adoption du français

La diffusion européenne de la langue française passe notamment par le commerce de librairie des pays en partie francophones voisins de la France, la Suisse et les Pays-Bas. L'Esprit des lois, ouvrage majeur de Montesquieu, est ainsi rapidement publié à Genève ; le Dictionnaire critique de Bayle paraît – comme celui de Furetière – chez Leers à Rotterdam en 1690 (ci-dessous). À la même époque, de grands dictionnaires bilingues répondent au besoin de communication dans les grandes langues d'Europe (en haut,

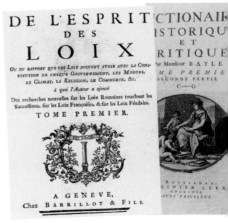

à gauche, le Grand Dictionnaire françois et flamend publié à Amsterdam).

« royal » et parisien, et non par une régularisation spontanée. Situation différente en Wallonie, politiquement intégrée à l'Empire autrichien en 1713, mais qui conserve son dialecte gallo-roman natal. Par un effet en retour du goût des princes germaniques pour le français, cette langue est même soutenue par l'archiduchesse d'Autriche Marie-Christine, et Bruxelles devient francophone, au détriment du flamand. Au XIXᵉ siècle, avec l'indépendance de la Belgique, le français se renforcera, mais le flamand se ressaisira après les révolutions de 1848.

Dans les territoires germaniques, en revanche, où le français est évidemment langue étrangère, c'est d'un français littéraire, épuré, celui de Voltaire, qu'il s'agit. Un témoignage célèbre du rêve de français « universel » – c'est-à-dire européen – est le fameux texte de Rivarol (*De l'universalité de la langue française*), co-lauréat d'un concours de l'Académie de Berlin,

De Richelieu à la Révolution, la politique de censure encore très active, à laquelle s'ajoute, pour les dictionnaires, le privilège accordé à l'Académie, stimule l'édition internationale en français. Les marchands de livres de principautés indépendantes, comme celles de Neuchâtel en Suisse ou de Liège en Wallonie, ont contribué à la diffusion des livres interdits en France ou condamnés par l'Église. Dans la librairie-imprimerie liégeoise « À l'égide de Minerve » (ci-dessus), on reçoit des livres de toute l'Europe, mais ce sont les ouvrages français, comme les œuvres de Jean-Jacques Rousseau, qui sont annoncés par affiches.

qui conclut au triomphe du français de par
ses qualités intrinsèques, logique, clarté, et qui
coïncide – malheureusement pour la lucidité de
son auteur – avec un recul évident de cette langue
française en Europe et ailleurs.

Le français traverse l'Atlantique

Néanmoins, après l'espagnol et le portugais, à peu
près en même temps que l'anglais et le néerlandais,
la langue française va bénéficier de l'aventure
coloniale européenne, inaugurée au XVIe siècle.

Jacques Cartier (1534-1541), Pierre de Chauvin
(1599), Samuel Champlain (1603) avaient exploré
le Saint-Laurent, Québec avait été fondé en 1608.

Richelieu, par un traité en 1632, avait obtenu
des Anglais un territoire immense,
la « Nouvelle France », allant
de Terre-Neuve aux Grands Lacs
et de là au golfe du Mexique

LES
VOYAGES
DE LA
NOVVELLE FRANCE
OCCIDENTALE, DICTE
CANADA,
FAITS PAR LE Sr DE CHAMPLAIN
Xainctongeois, Capitaine pour le Roy en la Marine du
Ponant, & toutes les Descouvertes qu'il a faites en
ce païs depuis l'an 1603. iusques en l'an 1629.

Samuel de Champlain
établit une « Nouvelle
France » au Canada.
En 1632, il publie la
relation de ses voyages
(ci-dessus).

par le Mississippi. Un premier peuplement très limité, avant 1673, était formé de personnes relativement cultivées, parlant sans doute un français régional de l'Ouest ; parmi eux, des jésuites qui tentaient d'évangéliser les « sauvages ». Malgré le mélange de leurs régions d'origine, qui allaient de l'Anjou à la Picardie et à la Normandie, ils pratiquaient un usage très proche du français « du roi ». Quant à l'implantation française le long du Mississippi, jusqu'à La Nouvelle-Orléans fondée en 1718, elle fut encore plus lente. Cependant, à partir de la fin du règne de Louis XIV, la France abandonne ses ambitions américaines et les Anglais prennent le pouvoir partout au Canada, où les colons français d'Acadie (futur Nouveau-Brunswick) sont chassés et doivent se réfugier en Louisiane, devenue espagnole. Ce « grand dérangement » à partir de 1765, souligne la dureté de la guerre culturelle entre Anglais et Français. Si le Canada n'est plus français, mais britannique,

Le « grand dérangement », est l'expression utilisée pour désigner l'expropriation et la déportation massive des Acadiens, peuple francophone d'Amérique lors de la prise de possession, par les Britanniques, des anciennes colonies françaises en Amérique. En 1785, les Acadiens de Grand-Pré sont ainsi contraints d'embarquer (ci-dessous) pour être déportés dans les colonies anglaises, plus au sud.

la langue française s'y maintient au Bas-Canada. En Louisiane, le statut du français « cadien » (*cajun* est un mot anglais) est plus précaire encore.

Dans l'Amérique qui parle français, les mélanges, les contacts, le repli des francophones, dominés politiquement par les Anglais, ont contribué à élaborer un usage distinct de celui du français d'Europe. C'est d'ailleurs grâce à ce repliement identitaire, catholique et rural, et grâce à une démographie puissante, que le français survivra, malgré l'hostilité du pouvoir britannique.

Français et créoles : dans les « îles »

Un autre type de colonisation, lié à l'esclavage des Africains et à leur transfert inhumain vers les terres fertiles des Caraïbes et de l'océan Indien, a conduit le français, à côté de l'anglais, de l'espagnol, du néerlandais, à s'imposer dans les « îles ». Dès la fin du XVIIe siècle, il y a plus de Noirs esclaves que de Blancs aux Antilles. Les Blancs, dont les régions d'origine étaient variées, parlaient un français régionalisé. Quant aux Noirs, de provenance et de langues très diverses, Afrique de l'Ouest, Madagascar, océan Pacifique (île Bourbon, future Réunion ; île de France, future Maurice), ceux de chaque ethnie étaient séparés par les colons pour éviter l'entente entre esclaves. Des relations ont pu cependant s'établir, soit dans un français simplifié

Au milieu du XVIIIe siècle, le bas Mississippi (en haut, à gauche) et la côte du golfe du Mexique parlent français. Dans les îles des Antilles, avec le développement des « sociétés de plantation », esclaves noirs et propriétaires blancs cohabitent dans une extrême inégalité. Mais quelques familles parlant créole et français jouissent d'une certaine aisance (ci-dessus). Quand le nombre des Noirs dépassera celui des Blancs, le créole dominera à côté du français, langue de prestige.

Les missionnaires, très actifs aux Antilles au XVIIIe siècle, ont décrit la société antillaise dans leurs relations de voyage (ci-dessous, le *Nouveau Voyage aux isles de l'Amérique* du père Labat, 1722). Quelques années auparavant, le jésuite Jean Mongin évoque le « jargon français » parlé par les Noirs au début de la colonisation : « Les nègres ont appris en peu de temps un certain jargon français que les missionnaires savent et avec lequel ils les instruisent, qui est

NOUVEAU
VOYAGE
AUX ISLES
DE L'AMERIQUE:

CONTENANT

L'HISTOIRE NATURELLE DE CES PAYS, l'Origine, les Mœurs, la Religion & le Gouvernement des Habitans anciens & modernes.

Les Guerres & les Evenemens singuliers qui y sont arrivez pendant le séjour que l'Auteur y a fait.

Par le R. P. LABAT, de l'Ordre des Freres Prêcheurs.

Nouvelle Edition augmentée considérablement, & enrichie de Figures en Tailles-douces.

TOME PREMIER.

A PARIS, RUE S. JACQUES,
Chez CH. J. B. DELESPINE, Imp. Lib. ord. du Roy, à la Victoire & au Palmier.

– que décrit en 1682 le jésuite Jean Mongin –, soit dans une langue nouvelle, alors appelée « jargon » ou « patois nègre », et qu'on nommera plus tard un « créole ». À la différence des mélanges occasionnels de langues en contact, les créoles, apparus au cours du XVIIIe siècle, sont de véritables langues transmises par la famille. Une « diglossie » (bilinguisme hiérarchisé), où la langue européenne – le français, par exemple – domine le créole, s'est établie à partir du XVIIIe siècle.

L'usage du français put ainsi se développer, aux XVIIIe et XIXe siècles, aux Petites Antilles, en Guyane de manière différente, et dans l'océan Indien en concurrence avec l'anglais. En revanche, le français des Indes, à partir de comptoirs comme Pondichéry, fondé en 1674, fut presque éliminé par l'anglais.

par l'infinitif du verbe, sans jamais le conjuguer, en y ajoutant quelques mots qui font connaître le temps et la personne de qui l'on parle. Par exemple, s'ils veulent dire "Je veux prier Dieu", ils diront "Moi prier Dieu", et ainsi en toutes choses. »

L a Révolution de 1789 entend faire de la langue française l'indispensable ciment de l'unité nationale. Tout au long du XIXe siècle, le français ne cesse de se transformer pour exprimer les profondes mutations de la société : urbanisation, industrialisation, découvertes scientifiques... Il s'impose aussi hors de l'Hexagone, en Europe (Belgique, Suisse) mais aussi outre-mer. Il devient langue maternelle au Canada, langue associée aux créoles dans les « îles » et langue seconde dans les nouvelles colonies françaises d'Afrique, d'Asie et d'Océanie.

CHAPITRE 4

LE FRANÇAIS RÉVOLUTIONNÉ (1789-1914)

Le XIXe siècle voit fleurir les dictionnaires qui exposent les difficultés et les nouveautés du lexique (ci-dessous). Ainsi répertoriée et codifiée, la langue devient une marque de distinction sociale (page de gauche, évocation de la parole populaire).

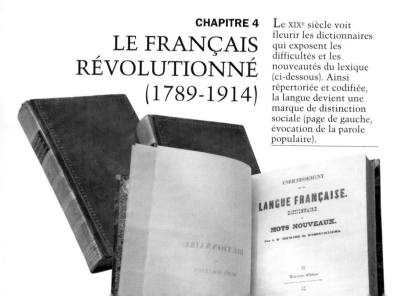

La révolution de la parole

Ni la langue française ni ses manipulations rhétoriques ne changent beaucoup entre la fin du règne de Louis XVI et 1815, mais toutes les conditions d'usage sont bouleversées.

La Révolution instaure directement le pouvoir de la parole, au service d'une lutte d'idées d'une violence inouïe. La langue elle-même devient un enjeu, car le ci-devant français « du roi », devenu sans grande modification interne le français jacobin, identifié au nouveau régime, s'oppose aux « patois », cette notion méprisante incluant des langues différentes, occitan, breton, alsacien, basque…, identifiées comme les outils de la religion et du passé.

N'ayant pas d'autre usage à sa disposition que le français raffiné des « philosophes », pour affirmer la « fédération » des volontés révolutionnaires, la Révolution cherche à s'inventer un style qui soit un nouveau code, un langage. C'est par la véhémence rhétorique et par la créativité du lexique qu'elle le fera : mots, noms et termes retrouvés (les noms romains), inventés, empruntés, mots proscrits ou haïs – *aristocrate* en est un, ainsi que *royaume* –, nomenclatures nouvelles… La Convention souhaite un dictionnaire national. Cependant, l'édition de 1762 de l'Académie, de grande qualité, servira de base à celle de 1798, hétérogène mais reflétant le bouleversement des mots et des idées. Les conventionnels sont conscients des enjeux du langage, avec en tête Urbain Domergue ou l'abbé Henri Grégoire, auteur d'une célèbre enquête destinée

En 1794, l'abbé Grégoire (1750-1831 ; ci-dessus) présente au comité d'Instruction publique son *Rapport sur la nécessité et les moyens d'anéantir les patois et d'universaliser l'usage de la langue française*. D'après lui, « On peut assurer sans exagérer qu'au moins six millions de Français, surtout dans les campagnes, ignorent la langue nationale ; […] que le nombre de ceux qui la parlent n'excède pas trois millions, et que le nombre de ceux qui l'écrivent est encore moindre. »

à lutter contre les « patois », mais qui suscita des réponses qui en soulignaient l'importance et la valeur. L'intérêt pour un moyen d'expression devenu national et révolutionnaire entraîne une politique de l'école.

La question de la langue nationale se pose dès le début de la Révolution (ci-dessous, le serment du jeu de Paume).

Le rapport Lanthenais, en octobre 1792, contrairement à Grégoire, prône le bilinguisme dans l'éducation, partout où le français est mal connu. Ce point de vue ne prévaudra pas ; en revanche, le recul du latin dans l'enseignement « premier » est accompli.

Le français, un facteur d'égalité

Ce qui évolue aussi, c'est la conception de la langue française en tant que facteur d'égalité, ce que soulignent alors Talleyrand à la Convention, et Condorcet. Chaque Français devrait avoir droit à cette langue, ce qui sera loin d'être le cas avant le XXe siècle. Les débats sur le langage dans la France révolutionnée sont innombrables et révélateurs.

Alors que l'abbé Grégoire ne prônait que l'établissement d'une grammaire et d'un vocabulaire de la langue française pour lutter contre les langues régionales, la Convention mena une guerre sans merci contre les patois. « Le fédéralisme et la superstition parlent bas-breton ; la contre-révolution parle italien et le fanatisme basque. Brisons ces instruments de dommage et d'erreur. [...] Chez un peuple libre la langue doit être une et la même pour tous », déclare Barrère.

Les révolutions politiques, avant, pendant et après la Terreur et la guerre civile, qui ravagent la France, pendant les extravagances du Directoire et avec l'autoritarisme consulaire, puis impérial, cachent les débuts d'une autre révolution plus discrète : celle de la science et des techniques, qui va déboucher sur la « révolution industrielle ».

Dans le même temps, une révolution intellectuelle et littéraire s'accomplit : c'est l'aurore de la sensibilité romantique et le goût retrouvé du Moyen Âge. Chateaubriand, Mme de Staël et des philosophes, comme Maine de Biran, en sont les grands acteurs.

Quant au statut du français parmi d'autres langues vivantes, une enquête impériale vient compléter le tableau fourni par celle de l'abbé Grégoire, qui témoignait du recul des patois en terre d'oïl. Elle émane du statisticien Charles Coquebert de Montbret qui, aidé de son fils, interrogea les cent trente préfets de l'Empire napoléonien – qui allait des Pays-Bas jusqu'à Rome – afin de tracer les limites du français. Les Montbret firent traduire un passage de l'Évangile de saint Luc, la parabole de l'enfant prodigue, dans la langue de chaque « département ». Il en résulte que les « dialectes » et les langues sont bien vivants au Nord (wallon, picard), à l'est (francique, alsacien), à l'ouest (breton) de l'espace aujourd'hui occupé par une partie de la France, que trois cantons suisses sont francophones et deux bilingues, que le Sud occitan est partagé et qu'on ne parle aisément le français ni en Savoie, ni à Nice, ni en Corse.

La langue est l'un des critères qui permettent de distinguer les types sociaux, réels ou fictifs, que l'on trouve tant dans la grande littérature, avec la *Comédie humaine*

de Balzac ou dans certains romans (Victor Hugo, Eugène Sue…), que dans les ouvrages « pittoresques » comme les tableaux de Paris (ci-dessus, placard pour le livre d'Henry Emy *La Grande Ville*, sujet aussi traité par Paul de Kock).

Langage et société : l'évolution du français en Europe

Entre 1815 et 1848, le noyau du français change peu, mais ses usages évoluent vite. Après 1830, triomphe la bonne conscience bourgeoise, incarnée par le *Joseph Prudhomme* d'Henri Monnier ; la grande industrie apparaît, avec la croissance des villes, où la population est socialement divisée, autrement que dans les campagnes : bourgeois et prolétaires parlent français différemment, alors que de nombreux ruraux pratiquent un dialecte.

La lecture et l'écriture se répandent ; l'édition et la presse aussi : le journal à deux sous de Girardin l'atteste. La littérature enregistre les différences d'usage du français : Honoré de Balzac, Eugène Sue, Henri Monnier, avant Victor Hugo, sont de précieux témoins. Des publications d'écrivains et de journalistes transmettent des jugements sur ces usages : les *Physiologies* des différents types

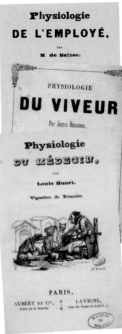

Physiologie
DE L'EMPLOYÉ,
PAR
M. de Balzac.

PHYSIOLOGIE
DU VIVEUR
Par James Rousseau.

Physiologie
DU MÉDECIN,
PAR
Louis Huart.
Vignettes de Trimolet.

PARIS,
AUBERT ET Cie,   LAVIGNE,
Place de la Bourse.   Rue du Paon-St-André, 1.

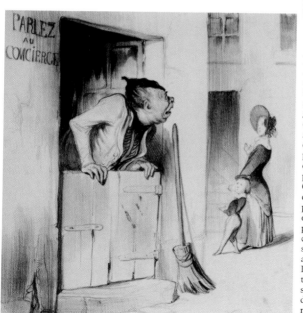

PARLEZ AU CONCIERGE

La collection des *Physiologies* est lancée en 1823 par l'éditeur Gervais Charpentier avec la *Physiologie du goût* de Brillat-Savarin et la *Physiologie du mariage* de Balzac. Elle compte rapidement plusieurs centaines de titres et sera imitée par d'autres éditeurs. Chaque ouvrage, consacré à un type de personnage (ci-dessus), ou de situation, est prétexte à l'évocation des diverses paroles sociales, des bourgeois aux classes populaires. L'ensemble offre un tableau réaliste de la société de l'époque et de ses différents registres de langage.

sociaux, les *Français peints par eux-mêmes*, des ouvrages collectifs ou personnels sur Paris (Charles Paul de Kock, *La Grande Ville*) et la « Province ». On parcourt les régions ; on célèbre ou on vilipende le breton, le provençal, les dialectes germaniques, les patois. Autant de miroirs déformants de la réalité langagière, mais autant d'images fidèles des jugements des élites sur cette réalité.

Sur ce plan, une opinion triomphe : celle du bon français unifié, qui incite les frères Bescherelle à nommer leur grammaire (1834) « nationale », cette « nation » étant celle des grands écrivains, de Racine à… Casimir Delavigne, et non pas celle du peuple, ni même celle du code civil ou des travaux scientifiques. Une exception à cette domination du français écrit et littéraire, le latin classique redevenu

TAFFETAS. Il n'y a point de doute sur l'étymologie de ce mot, qui est prise dans le bruit de l'étoffe qu'il désigne.

François Raynouard, auteur du *Tableau généalogique des rapports grammaticaux* (ci-dessous), réalisa un immense travail sur la langue d'oc et les troubadours.

très présent dans l'enseignement, de par l'influence puissante de l'Église.

Cette hiérarchie exigeante n'est pas seulement la doctrine officielle en France. Les Belges, devenus indépendants en 1831, pratiquent plus souvent deux dialectes, l'un « français », le wallon, l'autre néerlandais, le flamand. On peut penser que la normalisation plus grande du français lui conférait alors plus de prestige qu'au flamand, qui résista à la tentative d'imposer en Belgique un néerlandais central. Toujours est-il que le français l'emporta, au moins dans les couches sociales supérieures.

En Suisse, la répartition entre alémanique parlé, allemand écrit et, d'autre part, dialectes romans et français, ou italien du Tessin et le romanche (langue romane du canton des Grisons), demeure stable.

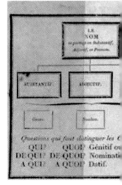

En Savoie, qui ne devient française qu'en 1860, et aussi dans le Val d'Aoste, on parle dialecte, français et italien. C'est sous le second Empire que le français, comme à Nice, l'emportera (durablement, sauf au Val d'Aoste).

La linguistique du français

C'est aussi entre la fin du XVIIIe siècle et le milieu du XIXe qu'apparaît une véritable science des langues, différente de la réflexion générale et philosophique de la période classique.

Paradoxe : les savants français sont des maîtres de l'égyptien ancien (Champollion), du chinois (Abel Rémusat), du sanskrit (Chézy, à côté des savants anglais), du persan avestique (Burnouf, après Anquetil-Duperron). Mais, pour les langues romanes – et donc, pour le français –, dans l'immense ensemble indo-européen, les connaissances viennent surtout d'Allemagne (Franz Bopp, August Schleicher, Friedrich Diez pratiquent la comparaison formelle des langues et décrivent leur évolution phonétique après Jacob Grimm). La « philologie », étude linguistique des textes, triomphe ; elle sera redéfinie et élargie par un linguiste écrivain spécialiste des langues sémitiques, Ernest Renan, dans *L'Avenir de la science*. Pourtant, Charles Nodier, qui emploie avant les autres le mot *linguistique*, pratique une science assez imaginaire, par exemple dans son *Dictionnaire des onomatopées*, mais s'intéresse

Si la langue française devient au XIXe siècle un objet scientifique, elle ne cesse pas d'être un thème pédagogique essentiel. Les manuels et cours de langue (page de gauche) se multiplient avec l'école de la IIIe République et on tente de schématiser la grammaire. La maîtrise du français et de son orthographe est exigée pour profiter de l'« ascenseur social ».

Charles Nodier, auteur d'un *Dictionnaire raisonné des onomatopées françaises* (1808), voyait dans la musique des mots l'écho des bruits naturels. Héritier en cela d'une des théories du XVIIIe siècle sur l'origine des langues, il voit des onomatopées partout ! Ainsi *taffetas* (définition page de gauche) provient en réalité d'un mot persan signifiant « étoffe tissée », passé par le turc, puis l'italien pour s'intégrer au français.

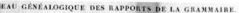

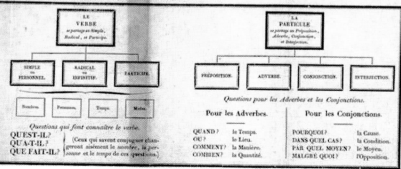

à la description du français dans les dictionnaires. La nature de la poésie occitane ainsi que le vocabulaire de l'ancien français sont explorés par François Raynouard (*Lexique roman*, posthume, 1839-1844). Ce qui alimentera les rêveries médiévales des romantiques et, surtout, montrera à quel point le français, en tant que langue naturelle, est le résultat de processus mettant en action toutes les langues dérivées du latin.

Variations sociales

Cette époque, dans une intense production littéraire, que l'enseignement accru de la lecture rend plus aisée à diffuser, voit s'enrichir l'évocation des différents usages de la langue, depuis la parole populaire jusqu'à la plus élitiste. Certains voient dans l'usage qu'on fait du français un marqueur social : c'est le cas de Balzac, explicitement dans *La Mode* (22 mai 1830), implicitement dans ses romans, de Stendhal, parfois, d'Eugène Sue dans *Les Mystères de Paris*, de Victor Hugo et d'une partie des écrivains alors à la mode, aujourd'hui oubliés.

Le roman-feuilleton, la chanson, destinés à une consommation populaire, sont plus fidèles à la norme scolaire, avec des exceptions savoureuses, transcrivant la parole réelle de manière plus ou moins maladroite.

Dans la pratique orale réelle, la prononciation du français varie selon la région et, dans les villes, selon l'éducation, qui reflète le statut social. Ce français est plus ou moins bien maîtrisé, selon qu'il est langue unique ou élément d'un bilinguisme. Car, tout au long du XIXe siècle et au début du XXe,

Les traditions populaires des contes et légendes, depuis Perrault, bénéficient d'une traduction littéraire souvent prestigieuse. George Sand, qui connaît et pratique les patois du Berry, fait illustrer par son fils Maurice ses *Légendes rustiques* (à gauche) qui en procèdent et fait passer le français régional de son Berri d'adoption dans certaines de ses œuvres comme *La Petite Fadette* ou *François le Champi*.

Le Conseil municipal d'Escargoville.

une inculcation à faire au Conseil de comme qui dirait une demande d'un administré, j'ai ce que x l'honneur de vous exposer qu'il sollicite de votre souveraineté l'autorisation de construire y plâtre avec des briques au long du cimetière couvert en zinc, si M. le Maire veut bien émolir quand le Conseil le désirera. signé : Cornenbuis. (Renvoyé à la commission des lapins.)

on parle encore dialecte en Picardie, Champagne, Lorraine, mais de moins en moins en Normandie, et plus du tout autour de Paris. Mais, en pays « franco-provençal », Lyon, Savoie, Suisse romande, la plupart sont bilingues. L'alsacien est très vivant. En Bretagne, deux situations : celle où l'on parle une variété de breton – on se comprend mal entre Finistère Nord et Finistère Sud – et où le français ne pénètre que dans les villes, celle où le français fait reculer le dialecte gallo, dans l'est de l'Armorique. Après 1860, en Occitanie, de 50 à 80 % des communes ne pratiquent pas le français. Dans le Berry de George Sand, les patois sont très vivants, et le français rural de qualité variable.

Les difficultés pour imposer en France le « bon français » feront de l'École au second Empire et

Dans la dernière partie du XIXᵉ siècle, on se moque volontiers des jargons populaires et paysans, témoins d'une transition difficile des parlers ruraux vers le français de l'école. Dans cette caricature de la revue satirique *Le Monde Plaisant*, parue en 1888, on voit le maire d'Escargoville jargonner dans un langage administratif approximatif, qui trahit la difficile adaptation du monde rural au français officiel.

surtout pendant la IIIᵉ République,
avec Jules Ferry, un instrument de
« civilisation » et d'unification nationale
par la langue française, mais aussi de
destruction des identités culturelles
régionales.

Un des facteurs qui a pu limiter
la pénétration populaire du français
est la raideur de la norme, surtout
grammaticale et orthographique, qui
devait rebuter les élèves dont la langue
maternelle était différente.

L'enrichissement du vocabulaire

Reflet des transformations
techniques et sociales,
l'enrichissement
rapide du
vocabulaire
devait créer
chez les ruraux,
qui disposaient
d'autres ressources
langagières
– les mots de la
nature et ceux de
l'agriculture –, un
véritable barrage
de mots difficiles
bloquant la maîtrise
du français.

Les mots nouveaux
se multiplient, ils se
répartissent en niveaux d'usage, du registre familier
au recherché. Ces clivages cèdent en littérature :
Hugo met « un bonnet rouge au vieux dictionnaire »
et proclame l'égalité des vocables : en poésie,
on n'emploiera plus *génisse*, mais *vache*. En fait,
les deux mots sont indispensables au boucher,
mais dans des sens différents. Richesse et imbroglio
sont les maîtres mots du lexique et des
dictionnaires français.

Peu cohérents, très riches, les dictionnaires

L'apparition de
nouvelles techniques
nécessite la création
d'un vocabulaire adapté.
Des mots nouveaux
comme *automobile*
et *cinématographe*,
ou des mots
d'emprunts, comme
sport (ci-dessus),
passent rapidement
du langage spécialisé
à l'usage quotidien,
alimentant au passage
les dictionnaires de
milliers de néologismes.

français du XIXe siècle, Boiste, Laveaux, Bescherelle, le *Complément* de l'Académie, Poitevin, Landais, Larousse, témoignent, dans une pléthore impossible à maîtriser, de la surenchère autour du vocabulaire.

Le mot fait peur ; Hugo, dans « Réponse à un acte d'accusation », poème écrit en 1834, fait de lui un être vivant et, de degré en degré, le Verbe qui est Dieu, passant par d'inquiétantes métaphores : « face de l'invisible », « aspect de l'inconnu », un monstre « jailli de l'ombre » et qui, toujours, rencontre « le Sens »...

Bien loin des philosophies du langage et des rêveries poétiques, si fécondes soient-elles, le poids du réel, dont l'inflation lexicale est un symptôme, s'exerce sur la société des êtres parlants et modèle en partie la langue.

Admirateur de Diderot, Pierre Larousse souhaite diffuser la pensée républicaine et démocratiser le savoir. Il ambitionne de donner à la France un nouveau monument encyclopédique qui allierait description de la langue et diffusion des connaissances. De 1865 à 1876, il publie le *Grand dictionnaire universel du XIXe siècle* en quinze gros volumes (ci-dessus), qui innove par sa liberté de ton et sa richesse d'informations.

Révolution industrielle et langage

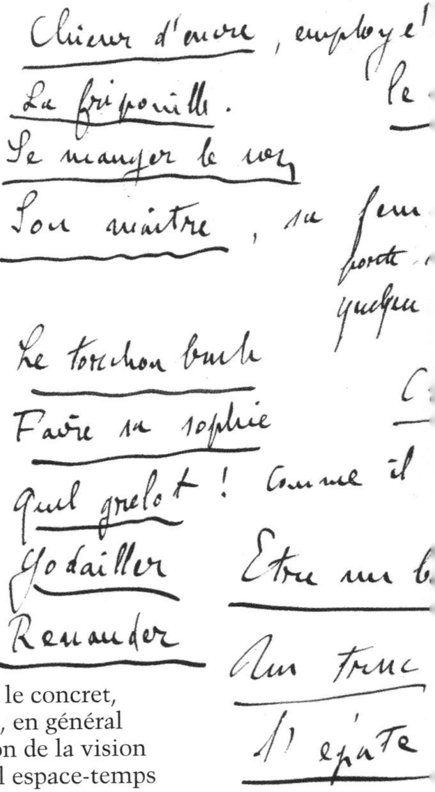

Révolutionné en 1789, le français l'est de nouveau, en même temps que d'autres langues européennes, en 1848 et, pendant tout le XIXe siècle, par l'évolution sociale, technique et économique.
Le vocabulaire en est le reflet.
Il s'enrichit – et cela, avec des différences, vaut tout autant pour la Belgique, la Suisse, le Québec, que pour la France – de manière inégale selon les besoins de la communication sociale. Un domaine très visible de nouveauté est la science, avec par exemple la biologie, dont la terminologie vient surtout d'Allemagne, avec l'évolutionnisme darwinien, avec les « microbes » (Pasteur), avec l'électricité, dont les concepts fondamentaux étaient nommés en anglais par Faraday. Les besoins de désignation sont énormes dans les sciences humaines (sociologie, mot créé par Auguste Comte). Dans le concret, le vocabulaire des « chemins de fer », en général pris à l'anglais, marque une évolution de la vision du monde et correspond à un nouvel espace-temps social. En particulier, le « rail » (autre anglicisme) accélère la diffusion de la langue française, en facilitant le brassage des populations et l'urbanisation. Vers la fin du XIXe siècle, apparaissent l'automobile, les cycles et aussi le cinématographe, dont les vocabulaires sont d'abord français et anglais. D'autre part, le mot *sport*, employé en 1828 en français à propos des courses hippiques, va élargir énormément son domaine et susciter une vaste importation d'anglicismes.

Les plus grands romanciers, tels Balzac, Hugo (*Les Misérables*, 1863), Flaubert, Zola (*Germinal*, 1885, et tout le cycle des Rougon-Macquart),

Le souci d'exactitude dans l'évocation de la parole populaire se retrouve dans toute une littérature du XIXe siècle. Préparant l'*Assommoir*, Zola recense ainsi toute une série d'expressions et de mots familiers, imagés, populaires et argotiques avant de les mettre dans la bouche de ses personnages (ci-dessus).

rue, femme

l'entreteneur

le regarde dans le
quand elle flaire

esquissent une sociologie de la parole française ; les variétés régionales commencent à être évoquées (les *Tartarin* de Daudet). La présence de l'argot des malfaiteurs, à partir des années 1860, est affichée, non seulement par la célébration qu'en fait Hugo, mais par la description

Aristide Bruant (1851-1925), célèbre chansonnier de la fin du XIXᵉ siècle, s'est fait connaître dans les cabarets de Montmartre, notamment le *Chat noir*. Ses chansons (*Nini peau d'chien*, *À la Roquette*, *Rose Blanche*), écrites dans une langue populaire des faubourgs, ont beaucoup contribué à la diffusion de la

attentive de ce lexique (Alfred Delvau, *Dictionnaire de la langue verte*, 1866). Cessant d'être secrets et protégés, les mots de l'« argot » se diffusent dans le « parler peuple », qu'attestent Zola, le Huysmans naturaliste (*Les Sœurs Vatard*) et qui entrent en poésie (Jean Richepin, Jehan Rictus) et en chansons (Aristide Bruant).

langue des « classes dangereuses » de Paris, notamment à celle de l'argot, qu'il a décrit dans un dictionnaire. Réunies en recueils (ci-dessus *Dans la Rue*, 1889-1909), elles ont souvent été reprises.

Recueillir la parole

À cette même époque où la technique devient capable de recueillir et de conserver la musique et la parole, celle-ci est plus souvent transcrite par écrit, de manière plus ou moins fidèle. Cette parole populaire et fautive que manipulent les amuseurs pour faire rire, les savants commencent à aller la chercher sur le terrain. En 1911, Émile Pathé offre des enregistreurs au laboratoire de phonétique de la Sorbonne, et Ferdinand

Brunot, accompagné par son élève Charles Bruneau, va enquêter pour savoir comment on parle vraiment le français (ou le patois) dans les Ardennes et en Belgique wallonne.

Les dictionnaires donnent des images très différentes du français. Décrivant le vocabulaire dans son histoire, Émile Littré construit, par un choix de citations « classiques », un usage unifié considéré comme le meilleur français possible, illustré par des textes allant de Malherbe à Chateaubriand. Plus systématiques, très supérieurs philologiquement et dans l'analyse sémantique, Adolphe Hatzfeld et Arsène Darmesteter, un logicien et un linguiste, dans leur *Dictionnaire général* (1900), présentent le même type de norme exigeante, voisine de celle de l'Académie française.

En revanche, les dictionnaires ouverts sur les terminologies spéciales et sur l'encyclopédie – les plus importants étant celui de Bescherelle (1846), ainsi que le grand œuvre de Pierre Larousse (*Grand Dictionnaire universel du XIXᵉ siècle*, à partir de 1866) – sont aussi plus représentatifs de la variété des usages de ce temps, surtout littéraires et didactiques, certes, mais parfois aussi familiers et populaires.

Le français à l'école

En France, à partir du second Empire et plus encore avec la IIIᵉ République, l'école change profondément, se dégageant peu à peu de l'emprise catholique, remplaçant en partie les langues anciennes par les langues vivantes (Victor Duruy), devenant avec Jules Ferry gratuite, obligatoire et laïque. Par cette école, une norme se répand, l'usage du français progresse – avec des réticences et des résistances – partout où les enfants possèdent une autre langue maternelle. Un bilinguisme inégalitaire prépare le recul des langues et dialectes différents du français.

Des couches sociales nouvelles, les femmes, les populations rurales accèdent à la maîtrise de l'écrit et aux études, ce qui permet l'élévation du niveau moyen des connaissances, mais ce qui crée souvent une éducation sous contrainte, destructrice des

À la fin du XIXᵉ siècle, les livres scolaires qui enseignent la langue écrite vont parfois à l'encontre de la réalité orale. Les abécédaires découpent ainsi artificiellement les mots monosyllabiques en deux pseudo-éléments et choisissent des mots comme *urne* ou *xilocope* (page de gauche), qui ne font pas partie du vocabulaire général. Livres de lecture et abécédaires mettront longtemps à se dégager des préjugés d'une pédagogie archaïque.

En 1911, le linguiste F. Brunot (ci-contre entre sa femme et C. Bruneau), futur auteur d'une *Histoire de la langue française* en 13 volumes, organise des expéditions pour enregistrer les parlers, patois, langues et usages des régions de France, pour la plupart en recul. Ces Archives de la parole serviront à préciser l'*Atlas linguistique de la France* (1920, cartes réalisées de 1900 à 1910), et précèdent l'élaboration des dix-huit volumes des *Atlas linguistiques de la France par régions*, réalisés à partir de 1966.

traditions régionales, uniformisée, séparant le français écrit de l'école, avec son ortho-graphe, des usages oraux spontanés, à l'intérieur même de la langue française.

De la Belgique au Val d'Aoste

Dans une France qui se définit en « hexagone », dans une partie de la Belgique et de la Suisse, les dialectes et les autres langues continuent de reculer, le français défini par l'école s'installe et doit voisiner avec d'autres idiomes, germaniques au nord et à l'est, celtique à l'ouest, occitan, italien, catalan et basque au sud. Mais chaque zone a ses caractères propres. Ainsi, après 1848, la domination culturelle du français en Belgique va subir les effets d'une renaissance flamande, les usagers du néerlandais revendiquant l'égalité de traitement avec ceux du français. Du côté wallon, la recherche d'une norme identique à celle de Paris, par une campagne contre les « belgicismes », se heurte aux tendances régionales spontanées. Mais la description de ces « fautes » (Isidore Dory, 1877, surtout Louis Latour, 1895) a conduit à la reconnaissance objective d'une norme belge, à côté des formes populaires issues du contact entre flamand et wallon (notamment à Bruxelles). Un français de Belgique reconnu et admis se dégage alors.

En Suisse, dans les années 1880, 71 % de la population parlent les dialectes alémaniques et apprennent

Au tournant du XXᵉ siècle, le dialecte wallon est en recul et le français, plus ou moins coloré par ce substrat, l'emporte en Belgique wallonne et au-delà (Bruxelles), grâce à l'école. On corrige les wallonismes au nom du « bon français » (le mot *caramel* ci-contre). Quelques auteurs continuent néanmoins d'écrire en wallon, tel George Willame avec sa pièce *La Rose de sainte Ernelle* (à droite).

En arrachant à l'Italie Nice et la Savoie (caricature ci-dessous), Napoléon III les voua à passer de leur langue natale – des dialectes italiens ou franco-provençaux – au français.

Bon dessinateur, habile écrivain et fin pédagogue, le Genevois Rodolphe Töpffer (1799-1846) prend vers 1820 la direction d'un pensionnat et consacre sa vie à l'enseignement des jeunes. En 1844, il publie les *Voyages en Zig Zag* (ci-dessous), récit illustré par ses soins des excursions de ses élèves à travers les Alpes suisses. C'est un excellent témoin du français spontané du canton de Genève. Il est également l'auteur d'albums d'histoires

Caramel : De *bonnes* caramels , *dès bonnes caramelle.*
Dites : de bons-caramels.

en images que l'on considère comme les ancêtres de la bande dessinée, qui furent très appréciés de Goethe.

l'allemand; 21,5 % utilisent le français; les dialectes franco-provençaux disparaissent peu à peu avec des résistances en milieu rural catholique, plus que chez les protestants. La norme de ce français diffère peu de celle de France, sauf dans le lexique, remarquablement étudié canton par canton, et qui conserve ses particularités.

Le second Empire voit le français s'assurer et se répandre en Savoie, intégrée à la France en même temps que Nice, deux ans après l'entente entre Napoléon III et Cavour (1858). À Nice, l'italien recule; en revanche, au Piémont et surtout au Val d'Aoste, l'italianisation, sur l'affaiblissement des dialectes, va progresser, malgré les résistances valdotaines au nom du bilinguisme. L'italianisation se poursuivra au XXe siècle, surtout avec le régime fasciste.

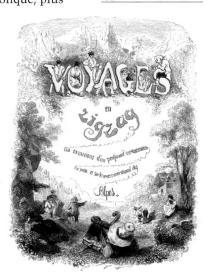

Vie et mésaventures du savant Cosinus.

UNE DISTRACTION DU DOCTEUR

Un soir, le docteur devait conduire au bal sa sœur et sa nièce. — Malheureusement, ses regards ont rencontré l'ébauche d'un intéressant problème. A dix heures, sa sœur paraît : « Zéphyrin ! il est temps, » et Zéphyrin répond : « Allez toujours ! Vous ne serez pas au pont du Corbeau que je vous aurai déjà rattrapées. »

A 10 h. 1/2, la nièce paraît à son tour : « Mon oncle Zéphyrin ! » — Quoi? — Il est temps de partir ! — Eh bien ! mais partez toujours, je vous dis que... $+ b^2 \times y^2$... vous ne serez pas au pont du Corbeau... égale zéro... que je vous aurai déjà rattrapées.

On ne pense pa

L'adjudant-major interpelle le sergent Bitur : « Signifie, sergent, ce tas d'ordures dans la cour de la caserne? Si dans une heure ça n'est pas enlevé, je vous ferai savoir comment je m'appelle! »

Bitur fait venir Camember : « Sape imprime l'ordre de creuser un trou mettre ces ordures et autres, si non j voir comment j's'appelle! »

Les Voilà!

cependant nos amis, remis à neuf, filaient à toute vapeur vers at-Remy, tandis que le docteur songeait mélancoliquement au en de parachever son grand mémoire. Tout à coup il se souvient lui-même est de Saint-Remy.

Aussitôt, réveillant M. Fenouillard, il lui dit : « Monsieur, j'ai deux neveux charmants à Saint-Remy. Je vous demande pour eux vos filles en mariage. » Puis il ajouta *in petto* : « De cette façon, mes sujets devenant mes nièces, je les aurai toujours sous la main. » « Faudra voir, » répond M. Fenouillard.

out.

je vous
fin d'y
-un peu

Camember qui ne tient pas à savoir comment s'appelle le *sergent Bitur*, a creusé un trou et y a délicatement déposé les ordures. Puis il demeure perplexe : « Oui, se dit-il, mais, maintenant, la terre du trou,.. ousque j'vas la fourrer ? »

Professeur de botanique et talentueux vulgarisateur, Georges Colomb (1856-1945) écrit et dessine aussi des histoires en images qu'il signe Christophe à partir de 1893. Ses personnages sont représentatifs des différents niveaux de parlers de la société de l'époque. *Le savant Cosinus* et sa famille manient le style bourgeois et docte, *La Famille Fenouillard* un langage provincial, tandis que *Le Sapeur Camember* – sans *t* – représente la parole du peuple. Ces histoires illustrées, dont le succès fut considérable, inaugurent la peinture des usages spontanés du français dans la presse enfantine, dont *Les Pieds nickelés* (1908) fut un sommet.

Le français d'Amérique

Au Canada, la situation de la langue française, qui n'est ni reconnue ni protégée par le pouvoir britannique, semblait précaire. Par l'Acte d'Union (1840-1841), la langue officielle du Canada est l'anglais, bien que la population qui descend des premiers colons français soit passée, au « Bas-Canada » (futur Québec), de cinquante mille vers 1760 à sept cent mille en 1842.

Leur langue, coupée de l'usage européen du français, présente des particularités nouvelles, dues aux archaïsmes régionaux, à l'influence de l'anglais, avec un vocabulaire enrichi de mots amérindiens et de néologismes, déjà recensés au milieu du XVIIIe siècle par le père Pierre-Philippe Potier, puis entre 1810 et 1840, par Jacques Viger dans sa *Néologie canadienne*. Tocqueville, voyageant au Canada en 1831, soulignait l'isolement des francophones dans un océan de langue anglaise.

Après 1840, la politique du gouverneur lord Durham vise à limiter, à marginaliser et finalement

comités écrit dite assembl lement ;

En février 1902, Adjutor Rivard et Stanislas Lortie fondent, sous le patronage de l'Université Laval, près de Québec, la *Société du parler français* (ci-dessus) qui se consacre à l'étude et au perfectionnement de la langue française au Canada. Avec le concours de l'élite intellectuelle, elle milite pour le français et réalise notamment le *Glossaire du parler français au Canada*, qui est une référence historique. Ses activités se sont poursuivies jusqu'au début des années 1960.

à éradiquer l'usage du français, en passant par un stade de bilinguisme, et en imposant l'anglais à tous les Canadiens.

Le Canada, en quelques années, acquiert un statut d'État : une confédération de quatre provinces (1867), puis un dominion augmenté vers l'ouest, avec le Manitoba où s'installent des francophones, une Colombie-Britannique anglophone, puis (1905) de nouvelles provinces anglophones, le Saskatchewan et l'Alberta, avec, du fait de l'immigration, de nombreux locuteurs de la langue ukrainienne. Le français reste concentré au Québec aux quatre cinquièmes francophone et dont l'usage est mal jugé par les anglophones, et en Acadie (Nouveau-Brunswick). À cette époque, la volonté de faire disparaître le français au Canada est encore active, mais, au début du XXᵉ siècle, la résistance s'organise, parfois au nom du catholicisme : l'abbé Lionel Groulx créera en 1917 une ligue dite d'Action française.

Un élément essentiel du combat pour la langue française au Canada a été la lutte contre la volonté d'éradication menée par le gouvernement au milieu du XIXᵉ siècle. Un des temps forts de cette résistance est l'*Acte impérial* de 1848 qui abrogeait l'article 41 de l'Acte d'Union voté en 1840, lequel décrétait que les documents législatifs ne seraient plus rédigés « que dans la langue anglaise » (passage ci-dessous). Dans ce contexte, on peut dire que le français d'Amérique du Nord, notamment au Québec,

tous procédés et rapports de imprimés du dit conseil législatif et de la gislative, seront dans la langue anglaise seu-

En 1902 est fondée la Société du parler français au Canada. Une « ligue des droits du français » apparaît en 1913.

Hors du Canada, une émigration économique, entre 1840 et 1900, avait fait s'installer, dans le nord-est des États-Unis, plus de deux millions de francophones, qui conservèrent leur langue pendant près d'un siècle.

est une langue de résistance, plus chère à ses locuteurs que ne le serait un idiome simplement hérité. La reconquête des droits des francophones accompagne celle de la langue, défendue contre une anglicisation sans cesse menaçante. C'est l'amorce d'une « défense et illustration » du français québécois et acadien, qui portera tous ses fruits dans le dernier quart du XXᵉ siècle.

Une langue coloniale

L'expansion de la langue française, au XIXᵉ siècle, prend des voies nouvelles avec la colonisation. Tandis que les comptoirs français en Asie sont en butte aux expansions anglaise et néerlandaise (en Indonésie), les plantations des « îles », où l'on parle créole et français, se développent, avec des conflits entre la France et l'Angleterre dans l'océan Indien, conflits qui auront leurs effets sur l'usage des deux langues.

Situation nouvelle, une expansion commerciale et religieuse commence à viser l'Afrique : le premier gouverneur français au Sénégal est nommé en 1817. Surtout, pour satisfaire des ambitions économiques, l'armée de Charles X débarque en Algérie, où les villes de la côte sont occupées et où la résistance de l'émir Abd el-Kader est réduite, en 1847. Vers 1848, cent mille colons français, italiens et espagnols, joints aux personnels militaires et administratifs français, inaugurent un usage populaire du français avec des influences italo-espagnoles et de l'arabe dialectal. Une petite partie du vocabulaire arabe va passer, par l'armée, dans le français populaire de France (*toubib*, *bled*, *ramdam*, etc.).

Le Maghreb

En Algérie, entre 1875, où plus de trois cent mille colons européens sont établis, et 1914, la naturalisation des non-Français (1889), la nationalité française accordée aux Juifs (1871) accélèrent la francisation linguistique, par l'école. Mais les tentatives de Napoléon III, puis de Jules Ferry en faveur d'une scolarisation bilingue des musulmans sont un échec (en 1916, les quelque 42 000 écoliers musulmans ne représentent que 5 % des enfants en âge scolaire). Plus de 90 % des Algériens autochtones, en 1914, ignoraient le français. Quant à la « qualité de la langue », outre les formes mixtes et très simplifiées (le « français tiraillou » des soldats [les tirailleurs] parlant l'arabe ou le berbère intégrés à l'armée française), un français populaire spontané se développe dans les grandes villes ; il sera bien représenté à l'écrit par l'humoriste Gabriel Robinet, dans la série algéroise des *Cagayous*.

En Tunisie, le protectorat français (1881-1883) va conduire au bilinguisme des résidents italiens et poussera des juifs et des musulmans à acquérir le français, sans qu'il y ait d'implantation en profondeur de cette langue face à l'arabe.

L'Afrique subsaharienne et Madagascar

En Afrique subsaharienne, une colonisation militaire et politique et une politique d'enseignement, d'abord

La série des « pochades » signées Musette avec son héros Cagayous transcrit un parler populaire issu du contact du français, de l'arabe algérois, de l'espagnol et de l'italien, en usage dans les quartiers populaires européens d'Alger tels que Bab el Oued. Ce langage hybride baptisé « pataouète » constitue la caricature du français régional des pieds-noirs, devenu avec leur départ forcé d'Algérie, un souvenir nostalgique, mais aussi humoristique.

L'administration et l'armée françaises, avec leurs hiérarchies et leurs règles, ont joué après les missionnaires un rôle complémentaire de celui de l'école dans le processus de colonisation. Ci-contre, cours de français en Algérie en 1860 et ci-dessous, tirailleur de l'armée d'Afrique à la fin du XIXᵉ siècle.

religieux (à Saint-Louis, dans l'île de Gorée), puis laïc, avec Faidherbe, instaurent un usage du français rendu nécessaire par les besoins de l'administration coloniale. Mais ces écoles scolarisent, dans l'« Afrique Occidentale Française » (AOF) de 1912, moins de 1 % de la population. Dans l'« Afrique équatoriale » (AEF), l'enseignement du français ne s'organisera qu'après 1918, tandis qu'au Congo belge, on enseigne aussi une langue africaine véhiculaire ; cependant, le français ayant un statut supérieur, cette politique crée plus de frustrations que de satisfaction. Dans les deux régimes, la scolarisation en français, et donc la connaissance de la langue, ne concerne qu'une très petite minorité d'Africains.

Il en va un peu autrement de Madagascar, colonisée par la France avec violence à partir de 1896, et où les missionnaires

anglais dispensaient depuis 1820 un enseignement
« à l'occidentale » dans un pays de culture ancienne ;
en 1905, les missions protestantes de Paris prennent
le relais pour deux cent mille élèves, plus quarante
mille dans les écoles laïques.

L'Asie et l'Océanie

Sous le second Empire (pour la Nouvelle-Calédonie)
et la IIIᵉ République, toujours par la colonisation,
le français est imposé au Vietnam, au Cambodge,
au Laos (l'« Union indochinoise », 1887), ainsi qu'en
Polynésie (1880), où les colons ne sont que deux
mille six cents en 1911. Si, dans ces îles comme en
Nouvelle-Calédonie, les populations autochtones
ont une culture orale, en revanche, l'« Indochine »
française relève d'une civilisation écrite ancienne,
et possède un enseignement traditionnel, où le
chinois fait figure de référence. On a parlé de
« déchinoiser » cet enseignement et une mesure
spectaculaire, favorable à l'enseignement des
langues occidentales, fut l'adoption d'un alphabet
latin pour transcrire la langue vietnamienne, au
lieu des caractères chinois. Ce système, le *quôc ngu*,
avait été mis au point par les missionnaires
catholiques au XVIIᵉ siècle.

Cependant, au Cambodge, la langue khmère
exprimait une autre culture ancienne et littéraire.
Comme dans les autres colonies françaises,

Le français de
Nouvelle-Calédonie,
aussi appelé *caldoche*,
est hérité de celui
des colons, des
fonctionnaires civils
et militaires, des
bagnards ou forçats,
des déportés politiques
et des missionnaires
(ci-contre) qui ont
peuplé l'île aux XIXᵉ
et XXᵉ siècles. Il diffère
du français de la
Métropole aussi bien
par son accent que
par ses emprunts aux
nombreuses langues
parlées par la mosaïque
ethnique qui compose
la société néo-
calédonienne (on compte
vingt-huit langues
vernaculaires kanak).
La Nouvelle-Calédonie
est le seul territoire
d'Océanie dont la
langue française est
l'unique langue
officielle (au Vanuatu,
à Wallis et Futuna et
en Polynésie française,
elle l'est en association
avec une autre langue).

Comme l'Algérie ou
le Sénégal, l'Indochine
française comptait elle
aussi des « tirailleurs »
autochtones dans
les rangs de son
armée coloniale
(page de droite,
garde d'honneur du
drapeau des tirailleurs
tonkinois, en 1913).
Page de droite, en bas,
en-tête de *Saïgon
Dimanche*. La presse
en français pouvait
toucher, outre les
colons, les élites
autochtones.

Après la colonisation des XIXᵉ et XXᵉ siècles, l'espace francophone peut se diviser en cinq zones principales : une zone européenne (France, Belgique wallonne, Suisse romande) où le français s'étend au détriment des dialectes et autres langues ; un espace francophone où le français est langue maternelle et souvent langue unique, en Amérique du Nord, surtout au Québec ; des territoires des Caraïbes et de l'océan Indien, où le français est en partage avec des créoles, certains étant administrativement français, d'autres non (Haïti, Maurice…) ; des pays colonisés ou sous mandat, de culture écrite, où le français, imposé par l'école, n'est pratiqué que par la population venue

SAIGON DIMANCHE

l'enseignement de la langue de la métropole est dispensé aux élites destinées à administrer le pays, une doctrine de la « superposition » de l'enseignement français à l'enseignement « indigène » (Paul Doumer, en 1902) aboutissant à un bilinguisme très minoritaire.

Le cas de la Nouvelle-Calédonie, enfin, est particulier, cette grande île, annexée en 1863 par la France, étant peuplée par la déportation – comme l'avait été l'Australie par la Grande-Bretagne –, notamment celle des Communards. En 1890, les forçats et anciens forçats sont dix mille, à côté d'un nombre équivalent de personnes libres, commerçants, administrateurs… Les quelque trente-cinq mille Kanaks, de culture orale, non scolarisés, sont demeurés en dehors de la société francophone.

d'Europe et par une minorité d'autochtones, qui parlent une langue unifiée et écrite ; enfin, des pays et territoires de culture orale, avec de nombreuses langues ou des variantes dialectales d'une langue (l'arabe algérien), où le français est réservé à une minorité et donne lieu à des croisements et à des adaptations sans aboutir à des créoles (Algérie, Afrique subsaharienne, Océanie).

Mini K7... Cassette...
Musicassette...
le moyen le plus jeune et le plus simple
d'enregistrer et d'écouter de la musique.

"MINI K7" c'est le plus séduisant des magnétophones que vous puissiez imaginer : grâce aux progrès de l'électronique, il est tout petit mais très musical.

"CASSETTE" c'est le minuscule chargeur qui contient la bande magnétique. Finies les délicates manipulations de ruban ! Pour enregistrer, pour écouter, enclenchez la "cassette" dans le "Mini K7", enfoncez une touche, c'est tout !

Et la "MUSICASSETTE" ? C'est autant de musique enregistrée qu'un grand 33 tours sous le volume d'un étui à cigarettes. C'est ce qui rend votre "MINI K7" doublement intéressant.

Partez "MINI K7" en bandoulière, vous enregistrerez et écouterez de la musique quand et partout où il vous plaira !

Radiola

Documentation n° 1 sur demande à Radiola, 47, rue Monceau - Paris 8
Démonstration et vente chez tous les revendeurs Radiola.

MAGI K7 - Appareil fonctionnant sur piles et secteur, grand haut-parleur, prise pour haut-parleur supplémentaire, contrôle de tonalité.

MONO K7 - Appareil secteur avec contrôle de tonalité, réglage automatique du niveau d'enregistrement.

Les changements profonds de la société, apportés par les deux guerres mondiales, en Europe ont bouleversé aussi l'usage des langues. Celui du français s'impose ou se maintient dans les pays vraiment francophones, mais recule ailleurs. L'équilibre entre le français et les autres langues en contact avec lui ne cesse de se modifier, parfois à son profit, souvent à son détriment, notamment du fait de la progression mondialisée de l'anglais.

CHAPITRE 5

UNE LANGUE EN MOUVEMENT ET EN DANGER

La fabrique des mots doit suivre l'évolution des techniques. La « chère cassette » d'Harpagon devient boîte à musique et mot valise (*musique* plus *cassette*). Le mot disparaîtra avec la chose. Au Québec, haro sur l'anglicisme Stop, pourtant considéré comme du « bon » français en Europe.

Guerre et paix (1914-1920)

L'impact des politiques nationales et celui des guerres – continuation de la politique par d'autres moyens – sur les langues sont évidents.

Celui de la guerre de 1914-1918, créant des relations nouvelles entre les combattants, sépare les hommes des femmes, le front et l'arrière, les « poilus » des « embusqués ». Les effets en furent immenses pour la langue française, en France comme en Belgique. Des ruraux mobilisés, venant de Bretagne, des Flandres, des pays occitans, parlant peu ou mal le français, se retrouvèrent avec deux modèles d'usage : celui des officiers et, à l'écrit, des journaux, des communiqués, en français « bourgeois » ou en français de l'école, et celui qu'élaborèrent les poilus, influencé par le français spontané et populaire de Paris. Cet usage est pour Albert Dauzat *L'Argot de la guerre* (1918), pour Gaston Esnault *Le Poilu tel qu'il se parle* (1919). En fait, c'est une variante du français populaire avec sa syntaxe et sa prononciation (variable, évidemment), et surtout avec son lexique.

L'entrée en guerre des Britanniques, puis de l'Amérique du Nord aux côtés de la France créa des relations incontrôlées entre les deux langues, à côté de traductions nécessaires aux opérations militaires. Ainsi, le mot *tank* (« réservoir », c'était un nom de code) passe de l'armée britannique à la française.

Or, parmi les Alliés venus d'Amérique, il y avait le Canada, avec ses francophones. Ceux-ci étaient pris entre leur soutien moral à la France et leur répugnance à se battre dans une armée de l'Empire britannique, au moment où ils se battaient, au figuré, pour un bilinguisme officiel au Canada et pour le maintien du français. Des contingents parlant le français québécois entrèrent ainsi en contact avec le français de France, en étonnant bien des civils français qui s'aperçurent alors qu'on pouvait fort bien parler français sous l'uniforme canadien.

Cette période terrible vit aussi la confrontation d'« indigènes » combattant pour la France, avec leurs

Pendant la Grande Guerre, une campagne de recrutement s'organise au Canada autour du journaliste militant francophone Olivier Asselin. Le *poil-aux-pattes* de Montréal, ici vêtu de l'uniforme français du début de la guerre, correspond au *poilu*, expression inconnue en français québécois.

L'énorme brassage de soldats issus de toutes les régions françaises et de toutes les classes sociales pendant la guerre, les nouveautés du langage populaire, la diffusion des mots déjà anciens (comme *godasse*, tiré de *godillot* dans les années 1880 ; page de droite), la primauté de « Paname » (Paris) sur les régions, vont changer la perception du vocabulaire. Le dictionnaire se veut en prise sur l'actualité

langues (arabe algérien, berbère, langues d'Afrique de l'Ouest, créoles…) et leur connaissance partielle du français. La guerre accrut les évolutions antérieures, au profit du français oral spontané ou de formes simplifiées, pour des locuteurs allophones. Enfin, l'encadrement des troupes

En 1918, le Larousse (ci-dessous) accepte « les mots démobilisés » et intègre ainsi l'usage populaire sanctifié par le sacrifice patriotique des « poilus ».

coloniales rapprochait les francophones d'outre-mer (d'origine française, italienne ou espagnole, pour l'Algérie) des usages spontanés du français de France.

En somme, la terrible tuerie de 1914-1918 n'a fait que confirmer et accélérer la domination de la langue française sur son espace européen, notamment dans une France agrandie, après l'armistice, par la récupération de la Lorraine et de l'Alsace, tandis que son rôle international reculait devant celui de l'anglais.

Le français bouge encore

Les changements intervenus dans la langue depuis 1920, à la différence des évolutions antérieures, plus profondes, nous concernent directement, car elles se continuent aujourd'hui même.

En France, on note une simplification progressive des oppositions de voyelles, en longueur et en ouverture. On tend vers un seul *a*, un seul *o*, l'opposition *é-è* devenant faible, comme celle entre *brun* et *brin*. Le *r* ancien, dit « roulé », a reculé devant le *r* apparu à Paris, mais résiste en Bourgogne (Colette en fut un célèbre témoin) et en Occitanie toulousaine. Les « liaisons » se font inégalement. Le *e* dit « muet », pour des raisons prosodiques ou expressives, reparaît parfois (« l'Arqueu de Triomphe »); il est d'ailleurs prononcé dans la moitié occitane de la France.

La forme des mots (morphologie) évolue aussi. Peu à peu, le problème des féminins des noms désignant des êtres humains agite la France (Madame X est

UN FILM DE
MARCEL PAGNOL
DE L'ACADÉMIE FRANÇAISE

Après le théâtre et plus que lui, le cinéma illustre la variété des usages du français. En France, grâce au talent de Marcel Pagnol, Marseille, avec Raimu et Charpin, fait chanter l'« assent », qu'on impose aux comédiens venus de Paris pour le tournage de *Marius* (ci-dessus). En France, en Belgique, en Suisse, une normalisation, notamment médiatique, fait reculer les « accents » régionaux, pendant que naissent des prononciations socialement marquées.

le professeur, la professeur, la professeure… de Jean ; elle est *l'auteur, l'autrice, l'auteure* de tel livre). Des nouveautés surtout graphiques (*la docteure, la déléguée*) sont prescrites en français du Canada, courantes en Belgique, contestées en France. La conjugaison des verbes se réduit ; on emploie de moins en moins l'imparfait du subjonctif,

Il suffit d'ouvrir un journal pour lire des mots abrégés, certains déjà anciens (*ciné, météo*), d'autres imprévisibles (le succès de *bio*, détaché de toute biologie). Une autre tendance du vocabulaire est le sigle,

TGV PDG CINÉ smic PME Sécu GYM Météo Bio OGM

certains verbes mal maîtrisés sont peu à peu abandonnés, puis remplacés (*résoudre* par *solutionner*). L'abrègement, autrefois réservé à l'usage populaire, se généralise ; il envahit les vocabulaires professionnels. Les « mots-valises », en général empruntés à l'anglais ou du moins formés sur le modèle de l'anglais, produisent des milliers de vocables nouveaux (*l'héliport* n'est pas un « port solaire », mais un aéroport pour hélicoptères). Abrègements, sigles, mots-valises sont souvent internationaux ; pour les derniers, c'est même l'emprunt à l'anglais d'un procédé de formation, non plus d'un mot isolé, qui est en cause. Sans entrer dans le détail, les « fautes » d'accord, de conjugaison se multiplient – si l'on dit « faute », c'est que, l'usage changeant, la norme ne bouge pas. On interroge en France, sans inversion (*tu viens ?*) mais non au Québec (*viens-tu ?* est courant) ; on nie sans *ne* (*j'irais pas* – mais l'enfant, futur Louis XIII, le faisait déjà au début du XVIIe siècle).

Quant aux mouvements du lexique, ils ne font que confirmer et accélérer le déferlement de nouveautés – et les vieillissements ou disparitions de mots – observé de plus en plus précisément depuis le XVIe siècle.

ou les lettres initiales sont parfois épelées (*TGV, P-DG*…), parfois intégrées en une sonorité nouvelle (*Smic*). Ces formes sont assimilées très vite, certaines produisant même des dérivés, comme le féminin *pédégère*. Un cas remarquable est celui des ***mots-valises*** expression traduite de l'anglais qui désigne des néologismes formés, non pas à partir d'éléments de sens, mais de syllabes combinées. Ainsi, sur le début du mot *handicapé* et sur *sport*, on parle des *handisports*. Ce procédé est usuel en anglais, et son adoption en français correspond à une modification des règles morphologiques de cette langue.

À l'époque de l'ordinateur, on constate que les vrais manuscrits nous apportent des révélations sur le langage et le style. Pour les textes littéraires, la science des manuscrits (manuscriptologie) est l'instrument privilégié d'une étude de la genèse des textes. Ceci, qu'il s'agisse de notes préalables (à gauche, Georges Pérec pour *La Vie mode d'emploi*) ou de texte en gestation (ci-contre, Proust, dont les ajouts sous formes de « paperolles » sont célèbres). De même que Balzac, Proust, quand il travaille son œuvre, supprime, ajoute, corrige, modifie, procédés que permet l'écriture, échappant au « jet continu »de la langue parlée. Avant la machine à écrire et l'informatique, en contraste avec le texte imprimé, le manuscrit littéraire est un univers graphique en mutation, un dynamisme figé, une trace de la main dansante, comme la peinture. L'écriture manuelle projette l'acte pour en faire l'œuvre. Son outil est une langue, et cette activité lui donne des pouvoirs nouveaux. L'ordinateur, en effaçant toute trace de l'énonciation, ne conserve que le stade final de la création.

L'ANIMATEUR DES TEMPS NOUVEAUX

LA COLONISATION PACIFIQUE DE LA FRANCE
DEVENUE UNE IMMENSE TOUR DE BABEL

Car les moyens d'investigation sur les évolutions lexicales ont énormément progressé.

Ce qui est observable par la linguistique dans ces changements est inégalement ressenti par les locuteurs. La conscience de l'écart entre ce qu'on entend dire – parfois, ce qu'on lit – et ce que l'on pense être « le bon français » est évidemment variable selon les connaissances et les attitudes.

Langues d'immigrés en contact

Tandis que les dialectes et les langues régionales reculaient, des vagues d'immigration arrivèrent en France, en Belgique wallonne, parlant d'autres langues que le français : italien, espagnol, polonais avant 1940, arabe maghrébin, berbère, créoles, langues africaines après. De nouveaux bilinguismes s'instaurent, tandis que ceux qui confrontaient les patois et des langues comme le breton ou le catalan tendent à se réduire. Mais il se produit des réactions, des résistances militantes, qui s'affirment plus nettement à la fin du XXe siècle (écoles Diwan en Bretagne, Calandretas en Occitanie où l'on enseigne en breton, en occitan). Ces résistances ne compensent pas la perte de transmission familiale.

L'alsacien, le basque, le corse résistent mieux, tandis que le francique de Lorraine et le flamand s'effritent, que le catalan de France se réveille dans certains milieux sous l'influence de la Catalogne espagnole.

De nombreuses langues importées coexistent avec le français, l'arménien, les langues des Roms, le yiddish, l'arabe maghrébin et le berbère, des langues asiatiques et africaines ; chacune des communautés ayant ses pratiques, modulées selon les situations géographiques et sociales.

En 1932, époque où la colonisation a bonne presse, l'idée douteuse que l'immigré est un colonisateur – même pacifique – rejoint le thème de la France « tour de Babel » (ci-dessus). Or, chaque vague d'immigration laisse des traces linguistiques et culturelles qui enrichissent la langue française plus qu'elles ne la perturbent.

Le français, langue maternelle hors de France, en Europe

En Belgique, le flamand a progressé après 1920.
Les grands écrivains d'origine flamande, dans les
années 1920 et 1930, écrivaient en français; ce n'est
plus vrai après. Cependant, Bruxelles se francise,
ce qui crée des tensions (en 2000, près de 90 %
des Bruxellois sont francophones). En Wallonie
francophone, le wallon a tenu plus longtemps que
les dialectes du nord de la France; il ne cesse de
reculer après 1950. La norme est stable, mais plus
souple qu'en France, avec une tendance à l'acceptation
des belgicismes.

Les 20 % de francophones, en Suisse, où les
dialectes romands disparaissent comme en France,

De l'alsacien au corse,
du basque au catalan
et du breton au
flamand, les enfants
peuvent se plonger
dans la lecture
des aventures belgo-
françaises de Tintin
dans six langues
régionales. Ces langues
et leurs dialectes
(le provençal pour
l'occitan, le picard pour
le français d'oïl) sont
en recul par rapport au
français, mais de
manière très inégale.

conservent pour la plupart leur langue. Le français de Suisse est très bien décrit (William Pierrehumbert, 1921-1926; le *Dictionnaire suisse romand* de Pierre Knecht et André Thibaut, 1997) et la norme du français, dans le trilinguisme officiel et pacifique de la Suisse, peut se définir pour son propre compte.

« Révolution tranquille » pour le français au Canada

Au Québec, on vit une période de stabilité linguistique, jusqu'en 1960 : les francophones luttent contre le bilinguisme et ressentent l'envahissement de leur usage par l'anglicisme. La définition d'une norme québécoise se prépare, par la distinction d'un « bon langage », de « canadianismes de bon aloi », opposés aux anglicismes abusifs et aux vulgarismes. Puis, c'est la « révolution tranquille »

La chanson est un des grands véhicules du français québécois à partir des années 1970. Ci-dessus, ses trois icônes : Félix Leclerc, Gilles Vigneault, et Robert Charlebois.

Apichouner v. intr. — Éternuer.

Aplomber (s') v. pron. — Se mettre d'aplomb. — Faire ses préparatifs. — Viser.

de la société québécoise : urbanisation, mutation de l'enseignement, qui cesse d'être majoritairement confessionnel. Un Office de la langue française, créé en 1961, mène une politique de francisation terminologique très active. En 1977, la politique du Parti québécois instaure la fameuse « loi 101 », charte qui impose la francisation de la publicité et des grandes entreprises dans le cadre de la province. Sur le plan de la « qualité de la langue », divers guides d'usage sont élaborés; par ailleurs, l'histoire du lexique québécois est approfondie (*Trésor de la*

Après le *Glossaire du parler français* (1930), le dictionnaire de Léandre Bergeron, publié en 1980, marque une étape dans le ressenti du vocabulaire québécois considéré, non plus seulement dans ses différences par rapport au français d'Europe, mais comme réalité globale (ci-dessus, deux exemples de verbes).

langue française au Québec). Cependant, les usages spontanés se sont éloignés de celui d'Europe : archaïsmes de syntaxe (qui peuvent donner l'impression d'une plus grande « correction »), mais aussi calques de l'anglais (des expressions comme « le deuxième meilleur… »), phonétique très spécifique, variable selon les régions et les milieux, lexique à la fois très anglicisé dans le registre familier (*chum* pour *copain*, *fun* pour *sympa*…), et réagissant contre les anglicismes du français d'Europe.

Le 26 août 1977, au terme de combats opiniâtres (ci-dessous), le gouvernement adopte la « loi 101 » qui fait du français la seule langue officielle de l'État québécois. La langue est une affaire sociale, politique, parfois militante, et sa défense est au Québec un problème vital.

out le Québec en marche pour vivre en français !

Une forme populaire d'usage oral essentiellement montréalais, le *joual* (*choual* pour *cheval*…), envahit dans les années 1960-1980 la littérature et la représentation du français : c'est un langage démonstratif de la spécificité québécoise, un mouvement de révolte et d'affirmation de soi, et aussi une expérience esthétique. Après les critiques au Québec même et le reflux du *joual*, qui a pu se traduire par une image de l'usage québécois oral artificielle par excès, mais assez juste, on peut dire

À partir de cette loi, qui étend l'usage du français, en droit, à toutes les activités publiques et privées au Québec, une série de mesures et d'institutions ont été créées pour agir de façon générale sur la francisation dans de nombreux domaines et sur l'aménagement du bilinguisme au Canada.

que le français est en train d'acquérir au Québec une norme propre, qui est, comme toujours, un compromis entre la volonté de langue unifiée et la réalité des usages spontanés, avec ses deux volets, l'oral et l'écrit.

Le français, au Canada, n'est pas seulement l'affaire du Québec – où la minorité anglophone conserve ses droits. En 1996, 23,5 % des habitants du Canada déclarent avoir le français comme langue maternelle : 5 800 000 au Québec, près de 250 000 au Nouveau-Brunswick (33 % de la population). De nombreux bilingues anglais-français vivent dans les autres provinces, notamment en Ontario, à Ottawa

Le Liban fait voisiner dans sa signalisation urbaine l'écriture arabe, sa transcription en caractères latins et des mots français (ci-dessous) en dépit de l'ordre inversé dans les deux écritures. Dans ce pays, une tradition littéraire francophone de haute qualité continue de s'exprimer, malgré la vogue de l'anglais.

(avec le « bilinguisme fédéral ») ou au Manitoba. Une fédération des francophones hors Québec a été créée en 1976. Dans le reste de l'Amérique du Nord, l'expulsion des francophones par les Anglais a donné naissance, on l'a vu, à un français « cadien » (*cajun* en anglais) en Louisiane. Marginalisé et déprécié, il s'est ressaisi autour de la ville de Lafayette à partir de 1970. Sur 900 000 Louisianais d'ascendance acadienne, 550 000 se considéraient comme francophones en 1993, le bilinguisme étant de règle.

Le monde arabe et l'Afrique

On parle français, à côté d'un créole, non seulement dans les départements et territoires dépendant de la France, mais dans plusieurs pays indépendants, comme Haïti (environ 10 % de francophones assurés), ou à Maurice, où le français progresse face à l'anglais. Ces pays indépendants ont une langue nationale, le créole.

Au Maghreb, la guerre d'Algérie puis l'indépendance (1962) ont eu évidemment de grandes conséquences : l'arabisation rencontre des difficultés, et la variété

La présence de la langue française dans la presse de pays indépendants, notamment en Afrique subsaharienne et au Maghreb est attestée par de nombreuses publications (ci-dessous). Elles ont pour effet d'entretenir la pratique de la lecture en français, au-delà des politiques affirmées, comme l'arabisation en Algérie, par exemple.

des usages de l'arabe – et du berbère – s'articule avec une maîtrise affaiblie du français. Cela va des arabes dialectaux oraux à l'arabe normalisé de type égyptien ; et pour le français, d'un français algérien parlé à un français universitaire. Le clivage « parlé-écrit » et « populaire-instruit » conduit à ce paradoxe : malgré une politique d'arabisation délibérée, la presse écrite d'Algérie reste en majorité francophone.

En Tunisie et au Maroc, un bilinguisme arabe-français procède de l'école. On estime qu'environ 20 % de la population tunisienne possèdent le français oral et écrit normalisé, outre un français oral partiel. Le Liban polyglotte, malgré la progression de l'anglais, demeure une terre partiellement francophone. En 1996, 44 % des Libanais disaient parler le français et l'expression écrite est littérairement remarquable. Autre pays polyglotte,

La situation du français en Algérie est particulière par rapport aux autres pays du Maghreb, où il continue d'être enseigné à l'école. Décrétée langue étrangère après l'indépendance, son enseignement a cessé. Son usage s'est effrité, notamment depuis les années 1990, période à laquelle on l'estimait encore parlé par au moins 50 % des Algériens.

Israël, où la pratique du français est fonction des vagues d'immigration; mais la jeunesse est éduquée en hébreu moderne et, parmi les langues étrangères, l'anglais jouit d'une priorité évidente.

Quant à la présence d'un usage du français dans les pays d'Afrique décolonisée, elle reste importante, mais dépend étroitement de la scolarisation et de la politique linguistique : un essor nécessaire des langues africaines véhiculaires joint à un enseignement bilingue de français ou d'anglais est l'objectif. Le taux d'alphabétisation s'est accru (en 1997, 72 % au Zaïre, 70 % au Congo, peut-être surévalués) mais reste faible au Burkina, au Mali... Quant à la maîtrise du français, elle est très inégale et mal connue. Il est raisonnable, sur 157 millions de personnes, de compter 14 millions de francophones, plus une trentaine de millions qui le sont très partiellement. Le statut du français langue officielle, administrative, diplomatique, parfois avec l'arabe (Tchad), l'anglais (Cameroun), rarement avec une langue africaine (sango en Centrafrique, kinyarwanda au Rwanda), cache de profondes disparités et lacunes, en fonction des réalités de l'école et de l'économie. Certains types de français urbains oraux sont très éloignés de la langue standard, même spontanée (exemple : le « zoglou », le « nouchi » d'Abidjan). Il n'y a pas de « français d'Afrique », mais des usages qui vont de l'excellence littéraire à des pidgins, langues mixtes qui changent selon les situations, et non pas langues transmises comme le sont les créoles.

Situation très différente à Madagascar, où le malgache, généralisé dans l'enseignement, est aujourd'hui employé à côté du français scolaire réintroduit,

L'avenir de la langue française en Afrique dépend essentiellement de l'école. Cependant, l'apprentissage du français ne devrait pas être dissocié de celui d'une langue africaine véhiculaire, comme le wolof au Sénégal. Seul un enseignement bilingue équilibré pourra améliorer le niveau scolaire de base, qui souffre de manque de moyens (ci-dessous, classe de français organisée par une ONG au Sénégal, 1994).

garantissant un bilinguisme partiel.

L'usage du français en Océanie demeure fonction du type de régime politique ; il se maintient en Nouvelle-Calédonie et à Tahiti. En Asie, il résiste difficilement en tant que langue étrangère, à côté

des langues nationales, du chinois et de l'anglais. Au Vietnam ou au Cambodge, cependant, une légère progression, notamment grâce aux Alliances françaises, se fait sentir.

La créativité langagière de l'Afrique noire francophone est remarquable. En dehors des effets de contacts qui multiplient les emprunts aux langues africaines, et peuvent aboutir à des formes d'usage très éloignées du français standard, les « particularités lexicales du français en Afrique noire » ont été recensées dans un précieux *Inventaire* et plusieurs dictionnaires. Les lexiques attestent l'incroyable inventivité en matière de mots (*gréver* pour « faire grève », *essencerie* pour station-service), mais aussi dans l'évolution des sens (*ambiance* pour « réunion dansante », d'où *ambianceur*, *sapeur* pour « élégant qui s'habille – se sape – avec raffinement ») et dans la phraséologie. À Treichville, quartier populaire d'Abidjan, l'emploi du français peut donner lieu à des usages déviants, mais aussi à des créations stylistiques, comme le « docteur de linge » (ci-dessus).

La francophonie

Dans ce cadre très complexe et contrasté, la notion de « francophonie » mêle de l'unilinguisme en français langue maternelle, du plurilinguisme, de l'emploi exclusif et des usages très partiels, ou même encore des choix individuels, par exemple dans l'écriture littéraire.

Si le mot *francophonie* date des années 1880 dans le contexte colonialiste (Onésime Reclus, auteur de *La France et ses colonies*, 1873), une notion effective de communauté culturelle par la langue française n'apparut qu'au milieu du XXe siècle, dans le contexte du métissage prôné par Léopold Sédar Senghor (qui eût préféré « francité »), avec Hamani Diori, Habib Bourguiba et Norodom Sihanouk. De cette idée, la création d'une Agence de coopération culturelle et technique, en 1970, a fait une réalité, devenue explicitement politique, et un système intergouvernemental en 1995 (conférence de Cotonou). En 2005 est créée l'Organisation internationale de la Francophonie (OIF), entité politique internationale. Les ambiguïtés sont multiples, et des effets pervers se produisent – qualifier de « francophones » seulement ceux qui ne sont pas ressortissants français en est un.

En France, en Belgique, au Québec, de nombreuses institutions prennent en charge la langue française : leur efficacité est très inégale, tant pour défendre l'usage du français face à l'anglais, là où le français est langue maternelle, dans des domaines tels que l'économie, la science et la technique, que pour diffuser la connaissance du français, en milieu francophone ou ailleurs. Malgré la multiplicité des

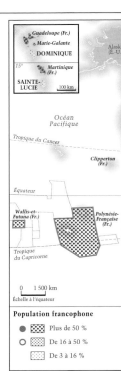

Population francophone

● ▨ Plus de 50 %
○ ▨ De 16 à 50 %
▨ De 3 à 16 %

La francophonie n'est pas seulement une institution, mais une somme de références culturelles, imaginaires, narratives et poétiques qu'expriment des littératures en français, avec des écrivains tels qu'Édouard Glissant, Assia Djebbar ou Aimé Césaire (de gauche à droite). L'éventail des grands écrivains en français est immense.

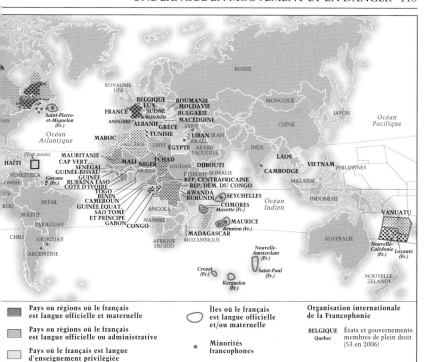

Pays ou régions où le français
est langue officielle et maternelle

Pays ou régions où le français
est langue officielle ou administrative

Pays où le français est langue
d'enseignement privilégiée

Îles où le français
est langue officielle
et/ou maternelle

Minorités
francophones

Organisation internationale
de la Francophonie

BELGIQUE États et gouvernements
Québec membres de plein droit
(53 en 2006)

institutions, le soutien de la France à la diffusion et
à l'enseignement du français langue étrangère paraît
insuffisant et menacé par les restrictions budgétaires.

Le levier le plus actif étant la politique scolaire,
c'est par l'enseignement que le français se maintient
ou non, progresse ou recule, dans des conditions très
différentes selon les contextes nationaux. Ainsi, les
abandons de centres culturels français, surtout après
2004, contredisent les déclarations officielles.
Dans les institutions internationales, la place
du français ne se maintient que grâce aux États,
notamment africains, qui sont officiellement
francophones ; dans l'Union européenne, l'anglais
progresse à mesure que des États nouveaux
adhèrent ; le français et l'allemand en souffrent,
les autres langues de l'Union plus encore.

La répartition dans le
monde des populations
parlant français à titre
de langue maternelle,
de langue officielle
ou de langue étrangère
privilégiée est difficile
à décrire, surtout si l'on
se base sur le découpage
des États-Nations. La
cartographie d'une
francophonie-institution
est toujours trompeuse,
mais elle a l'avantage
de souligner qu'on parle
plus ou moins, et plus
ou moins bien le français
dans toutes les parties
du monde.

Attaquée par la langue dominante du monde actuel, l'anglais, menacée dans sa pratique par les mutations de la société, la crise de l'école et l'indifférence collective, la langue française lutte pour exprimer les réalités nouvelles, au prix de plus en plus d'emprunts, pour s'enrichir sans trop se déformer et pour rester dans le monde l'une parmi quelques langues maternelles ou étrangères privilégiées hors de son espace originel.

CHAPITRE 6

UN KALÉIDOSCOPE DE QUESTIONS

Le dialogue entre l'écriture et l'oralité se poursuit aujourd'hui avec des dimensions nouvelles. L'école en français impose avec difficulté une écriture très codifiée, pendant que le français oral le moins surveillé, le plus élémentaire, est diffusé par les nouvelles techniques. La frontière entre oral et écrit devient floue.

Rien n'est stable ni acquis, pour les langues comme pour les sociétés. Après 1950, le français semble bouger de plus en plus vite ; c'est en partie une illusion, mais les facteurs sociaux et techniques nouveaux sont plus nombreux et actifs que jamais.

À côté des évolutions observées et étudiées, quelques problèmes sont plus fortement ressentis. Celui de l'orthographe – qui ne parvient pas à se réformer – en fait partie.

De l'argot au verlan

Tandis que les purismes exigeants disparaissent peu à peu, l'intérêt se porte sur les formes orales populaires, notamment l'*argot*, dont la forme « classique », celle des malfaiteurs à partir du début du XXᵉ siècle, reculait et disparaissait tout en étant repris par la littérature. Des formes de français à la mode – on a dit « branché » – lui ont succédé, avant qu'un procédé lexical déjà ancien, le *verlan* (renversement de syllabes), ne s'installe sur le devant de la scène. Amateurs et linguistes s'y intéressent, par des recueils aussi nombreux que le furent, de 1880 à nos jours, les dictionnaires d'argot. En fait, ce n'est qu'un aspect d'un usage très fortement perçu, pour des raisons de visibilité sociale : celui des « banlieues », « cités », « quartiers », ou plutôt des classes d'âge, enfants et adolescents de ces milieux, souvent issus d'immigrés de la « deuxième », puis « troisième » génération ». Aucune ressemblance entre l'argot parisien début de siècle (Carco, *Jésus la Caille*, 1914), répandu parmi les poilus, puis celui des romans d'Albert Simonin ou d'Auguste Le Breton et le lexique des jeunes des cités (*Lexik des cités*, 2007),

Le Lexik des cités (ci-dessus), présenté par le rappeur « Disiz la peste » (page de droite), analyse 240 mots ou expressions utilisés par les jeunes, pour tenter de définir, à la façon d'un dictionnaire, leur origine, leur sens et leur usage précis. Loin d'être un simple guide du « parler jeune », c'est le témoignage d'une créativité langagière en l'honneur du français.

Ce n'est pas le chanteur Renaud qui a inventé le verlan, mais c'est lui qui en a popularisé l'usage avec son célèbre « laisse béton » (page de gauche, en bas, pochette du disque). Suivirent *Les Ripoux*, titre de film

mêlé d'américanismes, d'emprunts à l'arabe et d'évolutions sémantiques de mots très « français ».

En fait, il n'y a plus d'« argot » au sens technique du terme, « langage secret d'un groupe social, professionnel ou délinquant », mais, en France, on aime conserver ce mot emblématique à propos de divers usages populaires. Et l'idée d'une appartenance identitaire valorisante demeure juste pour ce qu'on nomme inexactement « verlan », cet usage du français (la grammaire respecte le français oral de France) à la phonétique particulière, dont le lexique commence à figurer dans les dictionnaires généraux, et qui s'accompagne d'une culture originale, celle du « hip hop », du rap, du tag (venus de Californie) et du graffe. Ce dernier est une nouvelle calligraphie pour le français écrit, art perdu au cours du XIXe siècle.

Menaces anglo-saxonnes

Autre point visible dans l'évolution du français aujourd'hui, l'*anglicisme*, qui était parfaitement accepté au XIXe siècle et jusqu'à 1940, et qui est devenu symbolique d'une démission devant les États-Unis. Parmi les langues romanes, l'italien, le portugais au Brésil et le français sont les plus touchés. Pour ce dernier, depuis le livre mémorable

dépeignant des flics « pourris », puis de nombreux mots passés du parler des cités à la langue familière générale (en France) : *keuf*, pour flic, *keum* pour mec, *meuf* pour femme. Il ne s'agit pas seulement d'inverser les syllabes comme dans *tromé* pour *métro*. Ainsi le mot *flic* a d'abord été suffixé en *flikeu*, puis inversé en *keufli*, puis abrégé en *keuf*. Enfin le verlan *beur* (*arabe*), devient en « double verlan » *rebeu*...

d'Étiemble, en 1964, *Parlez-vous franglais?*, on parle en France de « franglais » et cela déchaîne les passions. On prédit la mort du français, oubliant que la francisation massive des vocabulaires anglais au Moyen Âge n'a pas tué cette langue, au contraire. On néglige la capacité d'absorption des mots anglais par le français, en France, Belgique, Suisse et outre-mer. Mais au Québec, l'anglicisme tend à être une intrusion dans le français, parce qu'il respecte la phonétique anglo-américaine.

L'influence massive de la langue anglaise sur le français est une affaire ancienne. Elle s'est manifestée à partir du XVIIIe siècle, en politique, en économie, en science, puis au XIXe siècle, dans les sciences et les techniques, et, à la fin de ce siècle, dans le sport. Au XXe siècle, la source principale passe de Grande-Bretagne aux États-Unis. Au XXIe siècle, le développement de l'électronique est l'occasion d'une nouvelle invasion. À chaque époque, la mode et la passivité des francophones – à l'exception des Québécois, plus menacés que les autres (à gauche, publicité pour inciter les internautes à naviguer en français sur la Toile) – ajoutent des anglicismes sans nécessité à ceux qui correspondent à des besoins d'expression nouveaux. Les anglicismes d'occasion sont plus nombreux dans la langue courante que les anglicismes de nécessité, propres aux langages de spécialités.

Cependant, le déferlement anglo-saxon a des effets pervers, outre celui de l'emprunt nécessaire, souvent international. Il s'agit par exemple d'usages spéciaux, où l'anglicisation est une forme de mondialisation : par les médias, ces vocabulaires parasites se répandent en milieu francophone.

L'ordre des mots (la « positive attitude »), la composition (les mots-valises : *Téléthon*) sont alors touchés. Les efforts pour trouver des équivalents aux anglicismes, plus efficaces au Québec (par exemple, *courriel*), ne sont pas payés de succès par l'usage majoritaire, en français d'Europe.

Par les mutations techno-économiques récentes et, surtout, par l'absence de réaction, la paresse des usagers du français – surtout dans les élites économiques et politiques –, la situation dénoncée avec verve par Étiemble dans les années 1960 n'a fait que s'aggraver, mais moins qu'on ne le pense, si l'on en croit les études

objectives (6 % d'anglicismes dans les dictionnaires, mais moins de 1 % dans un texte « moyen »). En revanche, l'emploi de l'anglais par des francophones, dans des domaines tels que la science ou les affaires, progresse en France, en Belgique et en Suisse.

L'obsession de la faute

Alors que les difficultés de l'orthographe du français et celles de l'apprentissage de la lecture sont un thème de préoccupation constant pour l'opinion, une problématique beaucoup plus générale, qui conditionne tout le reste, analphabétisme, illettrisme, « fautes d'orthographe », est beaucoup moins ressentie.

L'apprentissage de l'« ortograf » demeure une obsession française. Observatrice attentive des langages à la mode, Claire Brétecher stigmatise sur le mode humoristique cette manie bien hexagonale en faisant tourner au psychodrame familial la séance de devoirs entre Agrippine, sa mère, et son jeune frère à propos d'un problème d'orthographe de base.

C'est celle qui oppose l'usage oral à l'usage écrit, pouvant engendrer deux normes très différentes. Au point que l'un des rares écrivains à avoir réfléchi à ce problème (les philosophes et les linguistes le font, mais ils sont peu lus), Raymond Queneau, en concluait à l'existence de deux langues distinctes, l'une vivante, celle qui est parlée, l'autre, le français écrit, étant à demi mort, une sorte de latin en conserve, y compris le français littéraire, sinon que l'écrit peut alors se permettre de transcrire l'oral vivant (Queneau le prouve parfois). *La Grammaire des fautes* d'Henri Frei, livre profond et prémonitoire (1929), *Le Langage* de Joseph Vendryès (1923) avaient préparé cette position trop extrême.

En réalité, le français est un ; ses usages sont multiples ; usages oraux et usages écrits peuvent contraster, avec pour chacun des registres étagés,

Les références du « néo-français » sont à la fois écrites et littéraires – avec l'incipit provocateur du *Zazie* de Raymond Queneau (ci-dessous) – et, comme il est naturel, orales. Servis par les grands médias, radios et télévisions, des « humoristes » se chargent de caricaturer la parole quotidienne. Parmi les plus créatifs, Coluche est capable d'évoquer la quasi disparition de la logique et du sens dans le flux de la parole incontrôlée. Aux allusions littéraires célèbres, ces humoristes ajoutent des phrases et des formules qui s'inscrivent dans la mémoire collective.

Doukipudonktan,
se demanda Gabriel excédé.

du relâché au soutenu, de l'inculte au savant. L'oral est plus variable que l'écrit : il suffit de comparer les oralités françaises aux canadiennes, alors que leurs « écritures » sont très voisines. En outre, le rapport entre oral et écrit ne cesse d'évoluer, avec une domination de l'écrit dans les sociétés post-industrielles, beaucoup moins nette lorsque les traditions orales demeurent vivantes, par exemple en Afrique, et dans les « îles » où l'on parle aussi créole.

Sans produire deux véritables « langues », la relation oral-écrit est conflictuelle, et l'a toujours été, en ce qui concerne le français et les langues qui l'ont entouré, historiquement. Français parlé

la fourmi n'es pa prêt'Eze ;
c'es la son mo'1dre D'fo.
« ke fèzié-vs o tem cho ?
10-t'L a c'7 empr'1t'Eze ;

À côté des évocations plus ou moins talentueuses de la parole sociale, en France et en toute société francophone, par exemple au Québec, une catégorie de créateurs, qui écrivent leurs textes avant de les dire, jonglent avec les mots. Les plus raffinés d'entre eux, Raymond Devos (ci-contre), Boby Lapointe (ci-dessous) rejoignent une tradition très ancienne, celle des fatrasies médiévales, où le son et le sens jouent à saute-mouton et révèlent une poésie collective enracinée dans un inconscient : celui même de la langue française. Leurs textes parlés participent de nombreux jeux de langage, allitérations,

et écrit se mêlent de plus en plus, dans l'écriture (les romans font parler leurs personnages), dans la parole du théâtre et au cinéma. Il est alors récité, mais en imitant le spontané et en reflétant de plus en plus la variété des usages, jusque dans la plus haute littérature (Proust, Céline, Genet, Audiberti…). Les usages spontanés s'écrivent, parfois pour être dits : les chansonniers, humoristes, auteurs de sketches, relayés par les médias, en sont de bons témoins. D'autre part, l'écrit spontané devient de plus en plus visible, avec les blogues et le petit code graphique des SMS (texto), diabolisé à outrance. Mais, à propos de langue, et nommément du français, une confusion oral-écrit persiste : on a longtemps parlé de « lettres », s'agissant de sons ; aujourd'hui, on pose cette question : « Parlez-vous texto ? », alors qu'il ne s'agit que d'écriture. Comme on le voit, le français, avec

calembours, tandis que les rébus des lettres et des chiffres alimentent les jeux graphiques du « texto », accusé de mettre à mal l'orthographe scolaire (exemple ci-dessus).

toutes les langues des zones « développées » du monde, est en proie aux techniques. La radio, le téléphone, la télévision ont engendré des conditions d'emploi du français, apparemment ou réellement oral (oral-écrit, souvent), entièrement nouvelles. Radio et télévision sont des vecteurs essentiels de diffusion du français, comme des autres langues, évidemment. En milieu francophone, leur usage pèse sur la norme, en proposant des modèles influents, qui concurrencent ceux de l'école, plus surveillés mais plus ingrats. Les rhétoriques, celles du journal, de la radio, de la télé, des discours politiques, de la publicité ou même de la météo, relayées par les techniques de communication de masse, agissent sur les usages et les normes d'une langue. Le français n'y échappe pas.

Sur la Toile

Une dernière révolution technique, celle de l'ordinateur, venue des États-Unis, affecte aujourd'hui des centaines de langues, dont le français. Comme les

Les nombreux médias – télévision, Internet – brouillent les cartes. Sur Internet, la faute d'orthographe, au mépris de toute pédagogie, s'affiche sans complexe. À la télévision, une émission comique et satirique comme *Les Guignols de l'info* (ci-dessus) est un véritable laboratoire de création verbale, parfois attribuée aux personnalités caricaturées, comme le fameux « pilpoil » de Jacques Chirac, entré dans la langue familière.

Ma sœur utilise beaucoup le téléphone portable, l'Internet en « mauvais français », et pourtant elle est normale, elle est même forte à l'école. Elle envoie des lettres qui se transforment en images. C'est le visuel qui prime et qui remplace les mots. Et elle va très très très vite, elle apprend l'anglais, l'allemand…

Julien, 26 ans, entretien collectif

Sur le chat on ecrit p comme il faut alors des fois on ce rappel plus comment secriv les vrai mots

boudchou57, 12 ans, questionnaire en ligne

autres techniques, l'écran, le clavier et la souris concernent le langage et les signes, quelle que soit la langue employée. Mais leur effet sur chacune d'elle est spécifique. La révolution informatique a commencé en anglais, avec une petite place pour le français, grâce au Québec, aussi équipé que le reste de l'Amérique du Nord. En 2000, plus de cent langues étant représentées sur la Toile, on estime que le français pesait environ 3 %, chiffre honorable. En 2007, avec l'arrivée de nouvelles langues, l'anglais qui constituait à l'origine la quasi totalité des contenus langagiers, ne représentait plus que 30 % du total, ce qui ne doit pas masquer la prépondérance des structures nord-américaines, Google en tête.

Le passage de l'écrit manuel à la typo-graphie, au XVe siècle, puis la machine à écrire avaient préparé le recul du manuscrit, remplacé au début du XXIe siècle par la saisie sur clavier. Mais le triomphe d'Internet constitue aussi un réveil puissant de l'écriture-lecture, par rapport à l'image et au son. Le cas des blogues (en anglais, *blog*), particulièrement actifs en France, marque une réapparition d'un usage écrit spontané qui reste proche de la norme de l'école, même si on peut y déceler de nombreuses « fautes » (elles sont d'ailleurs moins fréquentes que celles de l'écriture populaire spontanée d'autrefois).

Les difficultés de l'apprentissage du français, assumées traditionnellement par la pédagogie scolaire, sont devenues de véritables problèmes de société. Comme toujours, on se préoccupe plus d'orthographe que de correction orale, plus des mots que de la grammaire. Les nouveaux modes de communication, que ce soit MSN, le chat, le mail, ou les blogues bousculent les codes traditionnels de la langue écrite telle qu'elle est enseignée par l'école (ci-dessous, commentaires de jeunes sur leur rapport à la langue dans ces dialogues « virtuels »).

Souvent, mon père regarde nos conversations sur MSN. Il nous a déjà fait la réflexion : « Il faut essayer d'écrire bien. » Et puis, il a dit : « Qui est-ce qui écrit comme ça ? Ce n'est pas toi j'espère ! » J'ai dit : « Non, c'est pas moi. »

Chloé, 11 ans, entretien collectif

Roya

De la nature du français

Le « français », depuis son apparition dans le haut Moyen Âge, surtout depuis son affirmation au XVIᵉ siècle, constitue un seul système de communication, une seule « langue ». Mais elle prend la forme d'une grande variété d'« usages », dans le temps, l'espace (sans cesse élargi) et la société (sans cesse plus complexe). Sur le terrain, ces usages peuvent s'organiser en « dialectes », qui ont reculé au profit de variantes régionales ou nationales.

Le français porte un nom trompeur, celui d'un État-nation, la France. Il en est originaire, mais pas plus que de celui qui est apparu dans les actuelles Belgique et Suisse, et il n'est pas plus « français » que ses usages d'Angleterre (l'anglo-normand médiéval), d'Amérique du Nord (le français

Derrière les textes, récits, poèmes, essais, dans quelque langue que ce soit, il y a les mots de cette langue. Y a-t-il, en milieu anglophone ou germanophone, un « festival du mot », à côté de ceux que l'on consacre au livre ou aux littératures ? Se passionner, se réunir, s'amuser autour du mot, serait-ce une exception francophone ? Quelle que soit la réponse, l'existence de « fêtes des mots » (ci-dessous, et page suivante, le Festival du mot de la Charité-sur-Loire) est une bonne nouvelle pour la santé de la langue française.

LE FESTIVAL DU MOT

4 – 8 Juin 2008 LA CHARITÉ-SUR-LOIRE

québécois ou acadien), des « îles », puis de divers lieux dans le reste du monde.

Tout usage du français est « du français », incarne « le français ». À partir de certains de ses usages se dégagent parfois, plus ou moins nettement, des « normes » : celle du sud de la France, non officielle, n'est pas celle du Nord, celle de Belgique n'est pas celle du Québec, celle de Nouvelle-Calédonie n'est pas celle de Tahiti, celles d'Afrique sont plurielles, mais tendent à l'unicité scolaire. Chaque norme, qu'elle soit explicite (institutions, école, sentiment de la « faute ») ou implicite (« on parle comme ça, ici »), a deux facettes : l'une orale (le bien parler d'un

lieu et d'un milieu), toujours plus souple et plus variée, l'autre écrite, mieux définie et unifiée. Lorsque les usages oraux dominants s'écartent les uns des autres, la norme écrite se charge de les rassembler, mais elle ne peut le faire que dans un type de société. L'idée d'une norme unique du français – un seul français partagé par tous, dans le monde – est une fiction. Ainsi, l'assurance du français au Canada, sa sauvegarde en Afrique passent par l'élaboration de normes locales spécifiques, acceptées par tous.

Enfin, outre ces normes modulées par rapport à la super-norme du « bon français », qui n'est réalisée qu'à l'écrit, surtout littéraire, existe partout une gamme d'usages plus ou moins proches, les plus divergents étant ressentis comme du « mauvais français », voire des « jargons », ce qui n'en fait pas pour autant des langues différentes. En revanche, le français a pu servir à élaborer des langues maternelles transmises de génération en génération. Ainsi, les créoles « français » ne sont plus du français, mais peuvent voisiner avec une de ses formes régionales (aux Antilles, à La Réunion, à Maurice…).

L'expression « le français » est un piège intellectuel et culturel ; il est essentiel que la langue française, sous toutes ses formes, soit dégagée de toute idée nationale pour survivre et se développer.

L'intérêt que l'on porte à la langue française, au XXIe siècle, varie selon les situations nationales et régionales. S'il continue d'être vif, malgré un sentiment largement partagé d'insécurité, dû aux innombrables difficultés de cette langue, c'est un peu parce qu'il a été intégré dans la célébration de ses manifestations les plus appréciées. Comme toute langue de culture, le français n'est guère perçu dans ses fonctions pratiques – économie, droit… Aussi, on cherche à le célébrer en tant que moteur irremplaçable de l'activité poétique. Le slam représente un retour de la poésie vers l'oral et vers une inventivité partagée.

TÉMOIGNAGES
ET DOCUMENTS

Naissance d'une langue

De la réalité variable des parlers, dans la moitié nord de la France, se dégage lentement une langue romane, où la région d'Île-de-France, prépondérante politiquement et économiquement, définit la norme d'usage. Ignorant le très ancien français oral, nous ne disposons que de traces écrites, influencées par l'omniprésente langue latine qui a donné naissance aux trois grandes langues « vulgaires » décrites par Dante : oïl, oc et si. Les littératures, dans un français qui évolue continûment, divergent de moins en moins du modèle parisien et royal, tandis que les parlers restent multiples.

Les écrivains des régions de France veulent écrire comme on parle à Paris

Les poètes médiévaux de langue d'oïl, dans chaque région, tentent de se rapprocher de l'usage d'Île de France.

La roine n'a pas fait ke cortoise,
Ki me reprist, ele et ses fieux, li rois,
Encor ne soit ma parole françoise ;
Si la puet on bien entendre en françois,
Ne chil ne sont bien apris ne cortois,
S'il m'ont reprise se j'ai dit mos d'Artois,
Car je ne fui pas norris à Pontoise.

La reine ne s'est pas montrée courtoise, lorsqu'ils m'ont fait des reproches, elle et le roi, son fils.
Certes mon langage n'est pas celui de France,
mais on peut l'entendre en bon français.
Ils sont malappris et discourtois
ceux qui ont blâmé mes mots d'Artois,
car je n'ai pas été élevé à Pontoise.
Conon de Béthune

Lors commença à fastroillier
Et le bon fransoiz essillier,
Et d'un walois tout despannei
M'a dit : « Bien soiez vos venei,
Sire Jaquemet, volentiers ! »

[Il commença alors à baragouiner et à massacrer le bon français ; il me dit dans un valois tout écorché : « Soyez vraiment le bienvenu, Monsieur Jacquemet ! »]
Jacques Bretel,
Tournoi de Chauveney, 1285

Si m'excuse de mon langage
Rude, malostru et sauvage,
Car nés ne suis pas de Paris,
Ne si cointes con fut Paris,
Mais me raporte et me compere
Au parler que m'aprist ma mere
A Meün quand je l'alaitoie,
Dont mes parlers ne s'en desvoie.

[Je m'excuse de mon langage, rustre, grossier et sauvage, mais je ne suis pas né à Paris et ne suis pas aussi sage que

le fut Pâris ; je reproduis et reprends
le parler que ma mère m'a appris à
Meun, quand elle m'allaitait ; mon parler
ne s'en écarte pas.]

Jean de Meun

« Dame, dont este vous, et de confait païs,
Qui si tres bel parlés le langue de Paris ?
En France fustes nee, je croi, par Jhesu-Cris. »
Et la roïne a dit : « Tu as dit voir, amis :
Droitement en Pontieu, là fu mes corps
nourris… »

[«Madame, d'où êtes-vous, de quel pays,
vous qui parlez si bien la langue de
Paris ? Par ma foi, vous êtes née en
France [Île-de-France]. » Et la reine
répondit : « Tu dis vrai, mon ami ; j'ai
grandi en plein Ponthieu. »]

Anonyme,
Roman de Baudoin de Sebourc

Un traducteur provincial

Le traducteur anonyme des psaumes, au
XVe siècle, s'excuse de ses habitudes
champenoises et bourguignonnes.

Norris fu en l'ordre Chartreuse
Et en la celle delicieuse,
Et fu de l'eveschié de Troyes,
Pour ce ne say je pas françois,
Mais parle moult rude langaige
Quis aus François est moult sauvage…
Et tien plusieurs mos de Bourgoinne ;
Quar à Lugny fus chartreux moinne,
Et y fus norris des m'enfance ;
Onques ne demouray en France.

[J'ai été élevé dans l'ordre des
Chartreux et dans la délicieuse cellule.
Comme je suis du diocèse de Troyes, je
ne connais pas le français, mais parle une
langue très grossière qui semble très
sauvage aux Français… Et j'utilise
beaucoup de mots bourguignons, car j'ai

été chartreux à Lugny, où je fus élevé
dès mon enfance ; je n'ai jamais habité
en Île-de-France.]

Traduction française anonyme

Le Moyen Âge ne craint pas les gros mots

Outre les écarts régionaux, on peut mal
juger ceux qui concernent la bienséance.
Mais le Moyen Âge n'est pas prude :
Jean de Meun le manifeste.

Si ne vos tiegn pas à cortaise
quant ci m'avez coilles nomees,
Qui ne sunt pas bien renomees
en bouche à cortaise pucele.
Vos, qui tant estes sage et bele,
ne sai con nomer les osastes,
au mains quant le mot ne glosastes
par quelque cortaise parole,
si con preude fame en parole.
[…]
Coilles est biaus non et si l'ains,
si sunt par foi coillon et vit,
onc nus plus biaus guieres ne vit.

[Je ne vous trouve pas courtoise d'avoir
parlé devant moi de «couilles», un mot
qui n'est pas très recommandé dans la
bouche d'une courtoise jeune fille. Vous
qui êtes si sage et si belle, je ne sais pas
comment vous avez osé les nommer, du
moins sans avoir glosé le mot par
quelque terme courtois, ainsi qu'en parle
une femme de bien.
[…]
«Couilles» est un beau nom ; aime-le.
Il en est de même par ma foi pour
«couillon» et «vit» : jamais personne
n'en a vu de plus beaux.]

Jean de Meun,
Roman de la rose.
Textes cités et traduits par F. Duval,
« Le Moyen Âge », in *Mille ans de langue*
française, Perrin, 2007

Meurtre du père ? Le français s'émancipe du latin

La langue française est deux fois fille du latin. Son évolution, depuis qu'elle était parlée par des illettrés en Gaule, la conduit au «roman», le très ancien français. Puis cette langue s'enrichit et s'affine, en partie par la leçon des langues anciennes, qui vivent et revivent par l'écrit: le grec et le latin, encore. C'est le «moyen français» où les écrivains travaillent la langue héritée par la source latine.

La problématique des traducteurs

Dans le «moyen français» de la Renaissance, les traducteurs de latin, en calquant la pensée des auteurs qu'ils «translatent», latinisent, consciemment ou non.

Et pareillement, si je vay imitant le style du latin, ne pensez point que ce soit par faute que ne l'eusse peu coucher en autres termes plus usitez, à la façon des histoires françoises; mais soyez certain, sire, que le langage latin de l'auteur a si grande venusté et elegance, que d'autant qu'on l'ensuit de plus prés, il en retient plus grande partie. Et c'est le vray moyen de communiquer la langue latine avec la françoise: si comme les Romains communiquerent la latine avecques la grecque, ce que se fait aujourd'hui en votre royaume tres diligemment et curieusement. Car toutes les autres deux langues y ont autant ou plus de cours qu'en autre lieu que l'on sache: tellement que (dedans peu de temps et au plaisir de Dieu) de votre regne aurez l'honneur et la gloire d'avoir ramenees lesdites deux langues en votre royaume et enrichi la françoise par la communication d'icelles. [Et de même, si j'imite le style du latin, ne pensez pas que ce soit parce que je n'aurais pu le traduire en d'autres termes plus usités dans les histoires écrites en français; mais soyez assuré, sire, que la langue latine de l'auteur a tant de grâce et d'élégance, plus on la suit de près, plus on en conserve les qualités. C'est là le vrai moyen pour mettre en contact le latin avec le français: on fait aujourd'hui avec diligence et application dans votre royaume comme les Romains qui mirent en contact le latin et le grec. En effet, ces deux langues y ont autant ou plus cours que partout ailleurs, à notre connaissance, si bien que dans peu de temps, si Dieu veut, vous aurez pendant votre règne acquis l'honneur et la gloire d'avoir ramené ces deux langues dans votre royaume et d'avoir enrichi le français en le mettant en contact avec elles.]

Claude de Seyssel,
La Monarchie de France, éd. Poujal, 1960

« Li clerc ont une maniere de parler mout bele selon le latin. Mes li lai qui ont à pledier contre aus en court laie n'entendent pas bien les mos meismes qu'il dient en françois, tout soient il bel et convenable au plet. Et pour ce, de ce qui plus souvent est dit en la court laie et dont plus grans

mestiers est, nous traiterons en cest chapitre en tel maniere que li lai le puissent entendre. C'est assavoir des demandes qui sont fetes et que l'en puet et doit fere en court laie, lesqueus demandes li clerc apelent libelles; *et autant vaut « demande » comme « libelle ». Et après nous traiterons des defenses que li defenderes doit metre avant contre celi qui demande, lesqueus defenses li cler apelent* excepcions.
Et aprés nous traiterons des defenses que cil qui demande met avant pour destruire les defenses que li defenderes met contre sa demande, lesqueus defenses li clerc apelent replicacions. »

[Les clercs ont une très belle façon de parler d'après le latin. Mais les laïcs qui doivent plaider contre eux devant une cour laïque [civile] ne comprennent pas bien les mots qu'ils emploient en français, quoiqu'ils soient beaux et convenables à la plaidoirie. C'est pourquoi, nous traiterons dans ce chapitre de ce qui est le plus souvent prononcé devant une cour laïque et de ce qui est le plus nécessaire, afin que les laïcs puissent le comprendre. C'est-à-dire des « demandes » qui sont faites, que l'on peut et doit faire devant une cour laïque, demandes que les clercs appellent « libelles » : « demande » et « libelle » ont le même sens. Ensuite nous traiterons des défenses que le défenseur doit opposer à celui qui demande, défenses que les clercs appellent « exceptions ». Ensuite nous traiterons des défenses que le demandeur avance pour anéantir les attaques que le défenseur oppose à sa demande, défenses que les clercs appellent « réplications ».]

Philippe de Beaumanoir,
« *Coutume du Beauvaisis* »,
extraits cités et traduits par F. Duval
in *Mille ans de langue française*

Imposer le français dans les usages nobles

Au XVIe siècle, diverses ordonnances royales imposent dans la vie juridique le « langage maternel » du peuple, et de préférence le français. La plus connue, celle de Villers-Cotterêts, vient après une série d'autres ordonnances de même nature, notamment celle de l'Isle-sur-Tille.

« Pour obvier aux abbus qui sont ici devant advenus au moyen de ce que les juges de nostre dict pays de Prouvence ont faict les procès criminels dudict pays en latin, ordonnons, affin que les tesmoings entendent mieux leurs dépositions et les criminels les procès faicts contre eux, que doresvavant tous les procès criminels et les enquestes seront faictz en françoys ou a tout le moins en vulgaire dudict pays [le provençal]. »
Ordonnance de l'Isle-sur-Tille, 1535

[110] « Et afin qu'il n'y ait cause de doubter sur l'intelligence desd. Arrestz, nous voullons et ordonnons qu'ils soient faictz et escriptz si clerement qu'il n'y ayt puisse avoir aucune ambiguïté ou incertitude, ne lieu a en demander interpretacion. »
[111] « Et pour ce que telles choses sont souventes fois advenues sur l'intelligence des motz latins contenuz esd. [auxdits] Arrestz, nous voulons que doresnavant tous arrestz, ensemble toutes autres procedures, soient de noz courtz souveraines ou autres subalternes et inferieures, soient de registres, enquestes, contractz, commissions, sentences, testamens et autres quelzconques actes et exploictz de justice ou qui en deppendent, soient prononcez, enregistrez et delivrez aux parties en langaige maternel françois et non autrement. »
Ordonnance de Villers-Cotterêts, 1539

Le rapport aux langues au XVIᵉ siècle

Le XVIᵉ siècle est pour le français une époque clé. Alors que la grammaire change peu, l'image de l'idiome se transforme. Le français se libère du magistère du latin et s'illustre par une grande littérature.

Défendre et Illustrer

Dans Défense et Illustration de la langue française, *Du Bellay fait la synthèse des réflexions sur cette langue et détermine la marche à suivre pour en faire l'égale des grands modèles latins et grecs.*

[Que la langue française n'est incapable de la philosophie, et pourquoi les anciens étaient plus savants que les hommes de notre âge.]

Tout ce que j'ai dit pour la défense et illustration de notre langue appartient principalement à ceux qui font profession de bien dire, comme les poètes et les orateurs. Quant aux autres parties de littérature, et ce rond de sciences, que les Grecs ont nommé encyclopédie, j'en ai touché au commencement une partie de ce que m'en semble : c'est que l'industrie des fidèles traducteurs est en cet endroit fort utile et nécessaire : et ne les doit retarder, s'ils rencontrent quelquefois des mots qui ne peuvent être reçus en la famille française, vu que les Latins ne se sont point efforcés de traduire tous les vocables grecs, comme *rhétorique, musique, arithmétique, géométrie, philosophie*, et quasi tous les noms des sciences, les noms des figures, des herbes, des maladies, la sphère et ses parties, et généralement la plus grande part des termes usités aux sciences naturelles et mathématiques. Ces mots-là donc seront en notre langue comme étrangers en une cité : auxquels toutefois les périphrases serviront de truchements.

[…] Les écritures et langages ont été trouvés, non pour la conservation de nature, laquelle (comme divine qu'elle est) n'a métier [besoin] de notre aide, mais seulement à notre bien et utilité : afin que présents, absents, vifs et morts, manifestant l'un à l'autre le secret de nos cœurs, plus facilement parvenions à notre propre félicité, qui gît en l'intelligence des sciences, non point au son des paroles : et par conséquent celles langues et celles écritures devraient plus être en usage lesquelles on apprendrait plus facilement. Las et combien serait meilleur qu'il y eût au monde un seul langage naturel que d'employer tant d'années pour apprendre des mots !

Joachim Du Bellay, *Deffence et Illustration de la langue françoyse,* chap. X (extraits, orthographe modernisée)

Choisir sa langue, ou être choisi par elle ? Le cas Montaigne

De même que Du Bellay, Montaigne accorde plus d'importance à l'esprit, supposé universel, qu'à la lettre dans une langue particulière. Et il fait état de son expérience personnelle.

[...] C'est un bel et grand agencement sans doubte que le Grec et Latin, mais on l'achepte trop cher. Je diray icy une façon d'en avoir meilleur marché que de coustume, qui a esté essayée en moymesmes. S'en servira qui voudra.

Feu mon pere, ayant fait toutes les recherches qu'homme peut faire, parmy les gens sçavans et d'entendement, d'une forme d'institution exquise, fut advisé de cet inconvenient qui estoit en usage ; et luy disoit-on que cette longueur que nous mettions à apprendre les langues, qui ne leur coustoient rien, est la seule cause pourquoy nous ne pouvions arriver à la grandeur d'ame et de cognoissance des anciens Grecs et Romains. Je ne croy pas que ce en soit la seule cause. Tant y a que l'expedient que mon pere y trouva, ce fut que, en nourrice et avant le premier desnouement de ma langue, il me donna en charge à un Alleman, qui depuis est mort fameux medecin en France, du tout ignorant de nostre langue, et tresbien versé en la Latine. Cettuy-cy, qu'il avoit faict venir exprs, et qui estoit bien cherement gagé, m'avoit continuellement entre les bras. Il en eust aussi avec luy deux autres moindres en sçavoir pour me suivre, et soulager le premier. Ceux-cy ne m'entretenoient d'autre langue que Latine. Quant au reste de sa maison, c'estoit une reigle inviolable que ny luy mesme, ny ma mere, ny valet, ni chambriere, ne parloyent en ma compaignie qu'autant de mots de Latin que chacun avoit apris pour jargonner avec moy. C'est merveille du fruict que chacun y fit. Mon pere et ma mere y apprindrent assez de Latin pour l'entendre, et en acquirent à suffisance pour s'en servir à la necessité, comme firent aussi les autres domestiques qui estoient plus attachez à mon service. Somme, nous nous Latinizames tant qu'il en regorgea jusques à nos villages tout autour, où il y a encores, et ont pris pied par l'usage plusieurs appellations Latines d'artisans et d'utils. Quant à moy, j'avois plus de six ans avant que j'entendisse non plus de François ou de Perigordin que d'Arabesque. Et, sans art, sans livre, sans grammaire ou precepte, sans fouet et sans larmes, j'avois appris du Latin, tout aussi pur que mon maistre d'eschole le sçavoit : car je ne le pouvois avoir meslé ny alteré. Si, par essay, on me vouloit donner un theme, à la mode des colleges, on le donne aux autres en François ; mais à moy il me le falloit donner en mauvais Latin, pour le tourner en bon. [...]

Montaigne, *Les Essais*, I, chap. 26, « La Pléiade », Gallimard, 1946

« En nostre langage [...] »

En nostre langage je trouve assez d'estoffe, mais un peu faute de façon : car il n'est rien qu'on ne fit du jargon de nos chasses et de nostre guerre, qui est un genereux terrein à emprunter ; et les formes de parler, comme les herbes s'amendent et fortifient en les transplantant. Je le trouve suffisamment abondant, mais non pas maniant et vigoureux suffisamment [...].

Pour ce mien dessein, il me vient aussi à propos d'escrire chez moy, en pays sauvage, où personne ne m'ayde ny me releve, où je ne hante communéement homme qui entende le latin de son patenostre, et de françois un peu moins. Je l'eusse faict meilleur ailleurs, mais l'ouvrage eust esté moins mien ; [...] Quand on m'a dit ou que moy-mesme me suis dict : Tu es trop espais en figures. Voilà un mot du creu de Gascoingne. Voilà une frase dangereuse (je n'en refuis aucune de celles qui s'usent emmy les rues françoises ; ceux qui veulent combattre l'usage par la grammaire se moquent)[...]. – Oui, fais-je ; mais je corrige les fautes d'inadvertence, non celles de coustume. [...] A Paris, je parle un langage aucunement autre qu'à Montaigne. Qui que je regarde avec attention m'imprime facilement quelque chose du sien.

Montaigne, *Essais,* III, chap. 5, *ibid.*

Langage et pouvoir : Shakespeare en français

En 1600, quand le grand William présente au public son drame historique consacré à Henri V, *vainqueur d'Azincourt et roi de France par son mariage avec Catherine de Valois, 180 ans auparavant, l'Angleterre ne parle plus le français. Mais elle en a le souvenir, au point que deux scènes jouent sur les différences entre les deux langues. En outre,* Henri V *met en scène la variété régionale de l'anglais d'Écosse, celles du pays de Galles et d'Irlande, imprégnées de celtique.*

ACTE III. SCÈNE III. – ROUEN.
A Room in the Palace.
Enter Katharine *and* Alice.

Kath. *Alice, tu as été en Angleterre, et tu parles bien le langage.*
Alice. *Un peu, madame.*
Kath. *Je te prie, m'enseignez ; il faut que j'apprenne à parler. Comment appelez-vous la main en Anglais ?*
Alice. *La main ! elle est appelée* de hand.
Kath. De hand. *Et les doigts ?*
Alice. *Les doigts ! ma foi, j'oublie les doigts ; mais je me souviendrai. Les doigts ? je pense qu'ils sont appelés* de fingres ; oui, de fingres.
Kath. *La main,* de hand ; *les doigts,* de fingres. *Je pense que je suis le bon écolier ; j'ai gagné deux mots d'Anglais vîtement. Comment appelez-vous les ongles ?*
Alice. *Les ongles ! les appelons* de nails.
Kath. De nails. *Écoutez ; dites-moi, si je parle bien :* de hand, de fingres *et de* nails.
Alice. *C'est bien dit, madame ; il est fort bon Anglais.*
Kath. *Dites-moi l'Anglais pour le bras.*
Alice. De arm, *madame.*
Kath. *Et le coude ?*
Alice. De elbow.
Kath. De elbow. *Je m'en fait la répétition*
de tous les mots que vous m'avez appris dès à présent.
Alice. *Il est trop difficile, madame, comme je pense.*
Kath. *Excusez-moi, Alice ; écoutez :* de hand, de fingres, de nails, de arm, de bilbow.
Alice. De elbow, *madame.*
Kath. *O Seigneur Dieu, je m'en oublie !* de elbow. *Comment appelez-vous le col ?*
Alice. De neck, *madame.*
Kath. De nick. *Et le menton ?*
Alice. De chin.
Kath. De sin. *Le col,* de nick ; le menton, de sin.
Alice. *Oui, sauf votre honneur, en vérité, vous prononcez les mots aussi droit que les natifs d'Angleterre.*
Kath. *Je ne doute point d'apprendre, par la grace de Dieu, et en peu de temps.*
Alice. *N'avez-vous pas déjà oublié ce que je vous ai enseigné ?*
Kath. *Non, je réciterai à vous promptement :* de hand, de fingres, de mails,
Alice. De nails, *madame.*
Kath. De nails, de arm, de ilbow.
Alice. *Sauf votre honneur,* de elbow.
Kath. *Ainsi dis-je :* de elbow, de nick, *et de* sin. *Comment appelez-vous le pied, la robe ?*

Alice. De foot, *madame; et* de coun !

Kath. De foot *et* de coun ! *O Seigneur Dieu ! ce sont mots de son mauvais, corruptible, gros et impudique, et non pour les dames d'honneur à user : je ne voudrais prononcer ces mots devant les seigneurs de France pour tout le monde. Il faut* de foot *et* de coun *néanmoins. Je reciterai une autre fois ma leçon ensemble :* de hand, de fingres, de nails, de arm, de elbow, de nick, de sin, de foot, de coun.

Alice. *Excellent, madame !*

[...]

ACTE IV. SCÈNE IV. –
The Field of Battle.
Alarums. Excursions. Enter French
Soldier, Pistol, *and* Boy.

Pist. Yield, cur !

Fr. Sol. *Je pense que vous êtes le gentilhomme de bonne qualité.*

Pist. Quality ! Callino, castore me ! art thou a gentleman ? what is thy name ? discuss.

Fr. Sol. *O Seigneur Dieu !*

Pist. O, Signieur Dew should be a gentleman : –
Perpend my words, O Signieur Dew, and mark ; –
O Signieur Dew, thou diest on point of fox,
Except, O Signieur, thou do give to me
Egregious ransom.

Fr. Sol. *O prennez misericorde ! ayez pitié de moi !*

Pist. Moy shall not serve ; I will have forty moys [monnaie d'or portugaise] ;
[...]

Fr. Sol. *O pardonnez-moi !*

Pist. Say'st thou me so ? is that a ton of moys ? –
Come hither, boy : ask me this slave in French
What is his name.

Boy. *Ecoutez : comment êtes-vous appelé ?*

Fr. Sol. *Monsieur le Fer.*

Boy. He says his name is Master Fer.

Pist. Master Fer ! I'll fer him, and firk him, and ferret him : – discuss the same in French unto him.

Boy. Il do not know the French for fer, and ferret, and firk.

Pist. Bid him prepare ; for I will cut his throat.

Fr. Sol. *Que dit-il, monsieur ?*

Boy. *Il me commande de vous dire que vous faites vous prêt ; car ce soldat ici est disposé tout à cette heure de couper votre gorge.*

Pist. *Oui, coupe la gorge, par ma foi, pesant,*
Unless thou give me crowns, brave crowns ;
Or mangled shalt thou be by this my sword.

Fr. Sol. *O, je vous supplie, pour l'amour de Dieu, me pardonner ! Je suis gentilhomme de bonne maison : gardez ma vie, et je vous donnerai deux cent écus.*

Pist. What are his words ?

Boy. He prays you to save his life ; he is a gentleman of a good house ; and for his ransom he will give you two hundred crowns.

Pist. Tell him my fury shall abate, and I
The crowns will take.

Fr. Sol. *Petit monsieur, que dit-il ?*

Boy. *Encore qu'il est contre son jurement de pardonner aucun prisonnier, néanmoins, pour les écus que vous l'avez promis, il est content de vous donner la liberté, le franchisement.*

Fr. Sol. *Sur mes genoux je vous donne mille remercîmens ; et je m'estime heureux que je suis tombé entre les mains d'un chevalier, je pense, le plus brave, vaillant, et très distingué seigneur d'Angleterre.*

Shakespeare,
Henri V, Acte III, sc. 3 et Acte IV, sc. 4

Parler et écrire sans contrainte

Depuis qu'il y a des règles, nombreux sont ceux qui les transgressent : enfants, personnes incultes, locuteurs en cours d'apprentissage. Quelques cas, du XVIIe au XXe siècle.

Un parler enfantin à la Cour : le futur Louis XIII

Le médecin du jeune Dauphin fils d'Henri IV, Héroard, nota avec application les faits, gestes et paroles du précieux pupille qui lui était confié. On respecte sa manière de noter, qui fournit des renseignements sur le parler adulte de l'époque. Ainsi il note... allé (er) à Paris (is), indiquant sans doute par là qu'on prononçait le r de l'infinitif et le s de Paris. On peut en retenir que nous parlons parfois aujourd'hui comme seuls les enfants le faisaient en 1607 (Louis avait six ans).

Dict : « Je veu allé (er) a Pari (is), j'iray su ma petite haquenée, Birat ira a pié. » Me de Montglat luy demande : « Mr, qui ira encore avecques vous ? » D. [Dauphin] « Vou Mamanga. » M. « Mais, Mr, comment iray-je ? » D. « Dan vote carosse est i (il) pas icy » M. « Non, Mr, il ne y est pas. » D. « Bien, manga, vous iré dans cely qui a poté (porté) a Pari mes habi (habits) pou le faire racouté (racoustrer). »

[...] Joué sur la petite terrasse ; s'amuse à faire du ciment avec de la tuile qu'il pile. A deux heures et demie, mené au jardin du Tybre, promené, court de çà de là, dict : « Je m'en va en Espagne, je m'en va en Flande (dres). » Court le cerf et remuant la teste : « Hoo i (ils) ne saré (point) pande (prendre) le cer san moy. »

A quatre heures et ung quart, ramené en sa chambre ; va au cabinet où il commande au baron Montglat de masquer et faire une comédie : « J'en veu etre. » M. « Mais, Mr, nous ne sçavons que jouer ». D. « Vou diré que nou somme (es) vo petis enfan (ants). » Amusé jusques a six heures et demie. »

Soupé : panade, 15 ; envoie le demeurant à sa nourrice : « Appoté cela a doundoun afin qu'elle m'habille quand j'auray soupé » – veau bouilly, mouelle – chapon bouilly, le criopoun – chapon rosty, cinq trenches – envoie de son chapon bouilly à sa nourrice : « Qu'on luy mette une seviete la dan le cabiné (et) pui qu'on li pote un ban (banc) », en a du soing et le commande sec avec gravité – poire cuicte, peu – pome cuicte, 1 – pain, peu – beu – massepain, une trenche.

S'en va soubdain au cabinet où se faict habiller d'une robe de fille et coiffer du chaperon de Me de Montglat et couvrir le visage d'ung masque de velours. A huict heures, commence le jeu ; il faict son entrée, aidant Mr le Cher avecques luy et deux autres, la danse fort gentiment, hardiment et de bonne grace, puis se retire et revient seulement quand il fallut comparoistre. La farce achevée, se faict oster la robe et dansa : « Ils sont a St Jehan des choulx », frapant du pied sur le cul de ses voisins aux cadances, fort bien ; ceste danse luy plaisoit.

Puis amusé doulcement jusques à neuf heures trois quarts. Pissé. Beu, qu'il demanda et pource qu'il avoit beu a deux fois, dont on le souloit tancer, il treuve ceste excuse : « Mamanga, pource que mon boire eté (estoit) frai (froid), j'ay beu a deu cou (coups), mai s'il eust été chau, j'eusse beu tou d'un cou (coup). »

[….] A sept heures trois quarts, mené en carrosse au devant du Roy qu'il treuve revenant et le faict mettre en son carrosse ; luy donne et a la Rne le bon soir a huict heures trois quarts. Estant sur le lict de Me de Montglat se jouant, je commance a luy parler de ce Turc et luy dis : « Mr, il faudra que vous aillés ung jour a Constantinople avec cinq cents mille hommes. »

D. « Oui, je tueray tou le Tur (les Turcs) a sticy e tou. »

H. « Mr, il ne fauldra pas tuer cestuy-cy qui a prins la peine de venir de si loing pour vous voir et vous faire des presents. »

D. « Mai le Tur ne croie (ent) pas en Dieu. »

H. « Mr, pardonnés moy, ils croient en Dieu mais non pas en Jhesus Christ qui est filz de Dieu. »

D., repetant le mot : « En Jhesus Chri, en qui don (donc) ? »

H. « En Mahomet. »

D. « Qui est ti Mahomet ? »

H. « Mr, ç'a esté ung meschant homme qui les a tout trompés et faict croire qu'il estoit envoié de Dieu pour leur faire croire autrement que ce que Jhesue Christ avoit faict. » Il songe ung peu, puis soudain :

D. « Hoo hoo je le (les) tueray tou (touts), mai je ferai dire une messe devan (ant) sti cy (cestuy cy) pui je le ferai batisé (baptiser). »

H. « Ce sera bien faict, mais il le faudra premierement faire baptiser, puis vous fairés dire la messe devant luy. »

D. « Pouquoy ? » H. « Pource qu'il ne peult estre chrestien qu'il ne soit baptisé, ne ouir la messe qu'il ne soit chrestien. » D. « Bien don (donc). » L'on nous interrompist.

L'ignorance orthographique

Au milieu du XIXe siècle, l'ignorance orthographique est un objet de dérision. Dans la littérature, ce sont surtout les demi-cultivés, bourgeois enrichis (La Grammaire, *pièce de Labiche), ou les jeunes femmes peu scolarisées qui sont visés. La grisette et la lorette, deux types sociaux de l'époque romantique, écrivent à leur manière.*

Lorette écrivant.

Grâce aux lumières qui ont pénétré dans toutes les classes de la société, toute grisette sait écrire, au moins en demi-gros ; mais cette folâtre jeune fille secoue généralement avec trop de fierté le joug honteux de l'orthographe universitaire, et se plaît à improviser un assemblage de lettres qui cause la plus grande satisfaction de M. Marle, *raiformateur ortaugraphic*, et de M. Trubert, directeur du Vaudeville, donnant des billets d'*orquestre*.

La grisette ne parvient à se fourrer ni dans la tête ni dans les doigts l'orthographe des mots même les plus usuels pour elle : – au lieu de *rendez-vous*, jamais elle ne manquera d'écrire *randaivou*, à moins qu'elle ne soit prétentieuse, car alors elle fait du style et partage le mot en trois : *rang-dez-vou*.

Spectacle se transforme invariablement en *spéquetaqle*, et *amour* ne marche jamais sans un H aspiré.

Louis Huart, *Physiologie de la Grisette*, Paris, s. d. (vers 1840)

[…] il songe à la Vendômoise qui l'aimait si bien et qui écrivait si mal ; et, comme s'il éprouvait le besoin d'un acte expiatoire, il prend les lettres, se condamne à en déchiffrer au moins une ; faisant application de la loi du progrès, il prend, comme la plus facile à lire, celle qui avait dû être écrite la dernière.

À l'aide d'une loupe de marchand de tableaux, il parvient à saisir quelques mots. Il les isole, il les bâtonne, il les sépare ; enfin, il arrive à ce produit :

Tu n'ai qu'un nain…

Le lecteur de l'épître, ayant cinq pieds sept pouces (ancienne mesure), comprend qu'il y a erreur, et que ce mot est évidemment tronqué ; il poursuit ses recherches et réunit cette phrase :

Tu n'ai qu'un nainfidèle. Enchanté, il continue et s'arrête de nouveau stupéfié à ce mot : *maiche*.

Mèche, dit-il… et il se gratte les cheveux comme Archimède au moment du fameux problème ; puis il obtient ce produit :

Tu n'ai qu'un nainfidèle, maiche tème (mais je t'aime). […]

La Lorette collectionne les lettres qu'elle reçoit.

Le plus grand chagrin qu'on puisse lui faire dans une correspondance suivie, c'est de changer souvent de format de papier ; parce que le volume des lettres réunies n'a plus de grâce et ne peut pas faire corps de bibliothèque.

Une Lorette s'excusait un jour d'avoir fait attendre un Arthur dans son antichambre.

J'étais occupée, monsieur, dit-elle ; quand vous être entré, je repassais vos lettres.

– Ah ! Mademoiselle, vous relisiez…

– Je ne vous dis pas cela. Je repassais vos lettres comme on repasse une collerette, un fichu, un foulard. Une correspondance fripée c'est comme une robe chiffonnée, ça m'offusque.

Et en disant cela, la Lorette sonna, demanda un fer chaud, continua son opération, et passa au fer toute la correspondance de la semaine.

Après cela chaque lettre fut insérée dans son dossier ou plutôt dans son carton fait en forme de volume, sur le dos duquel il y avait le nom du signataire : comme en librairie on voit sur les œuvres reliées le nom de Victor Hugo, d'Alfred de Vigny et de George Sand.

C'est une Lorette qui écrivait à son Arthur :

Viens de bonne heure, le mien est de te voir.

Une autre, qui aimait beaucoup les officiers, répondait à une déclaration par une lettre commençant ainsi :

Monsieur,

Ce qui peut militer en votre faveur, c'est que vous l'êtes (militaire).

Il y a des Lorettes qui poussent jusqu'à l'avarice la plus sordide l'économie qu'elles font des lettres de l'alphabet.

Elles écrivent J rai vous voir.

Et si vous leur demandez pourquoi elles suppriment dans j'irai l'apostrophe et l'i, elles disent que c'est de trop et que ça ne change rien au mot.

Elles écrivent ainsi G dîné.

J'ai eu sous les yeux un autographe d'une jeune comique de l'Ambigu qui s'excusait d'une absence à un déjeuner, en ces termes :

Mon chair, je croyai que 7 es *(c'était)* pour demain.

Une autre commençait ainsi une pétition au roi des Français : *Cire.*

Maurice Alhoy, *Physiologie de la Lorette,* Paris, s. d. (vers 1841)

Contacts de langue : un parler français hybride dans l'Algérie coloniale

Un dernier exemple des métamorphoses de l'usage : celui d'une communauté francophone dans l'« Algérie française », avant l'indépendance, ici utilisé pour créer un comique de situation identitaire. Dans ce français métissé d'espagnol, d'italien, d'occitan provençal, avec des emprunts à l'arabe dialectal, les préoccupations linguistiques et orthographiques paraissent à priori complètement déplacées.

La réforme de l'orthographe
Un homme qu'on se l'appelle M. Renard, je sais pas pourquoi, y s'a sorti la fantaisie de sanger tous les mots que dans le temps on s'écrivait d'une manière pour qu'on les fait pluss petits à cause que les enfants mieux y s'apprennent l'octografe.

Pour dire la vérité, moi j'aime pas qu'on traboque tout ça que les anciens y s'avaient enrangé avec des *h,* des *p,* des *m* et pis encore des autres lettres, pourquoi eusses y connaissaient bien écrire et tout qu'aucun aujourd'hui il est capable de s'aligner à côté.

Alorss, vous vous croyez je sais pas, moi !

Çuilà qu'on y dit M. Renard, esprès pour que tous y se croient qu'il est louette, il a de la tête, du compass, tout ça qui faut ; je dis pas.

Mais quand même, si on fait ça qui dit, lui, par force le monde y vient fou avant qu'il y vient l'habitude pour écrire les mots en carnaval.

Moi que je m'ai esquinté à l'école des Frères pour connaître bien tout ça qu'y a dedans la grammaire et des autres livres que je me garde encore à la maison, même que des fois, à la dictée, zéro faute j'avais – demandez-y si c'est pas vrai à Embrouilloun, à Pasqualette, à Bacora, à Gasparette et à tous – oilà qui faut que je me rentre des autres mots dedans la carabasse pour qui z'y fait f... le camp à les vieux !

Amane ! qué broumitche !
Bouillabaisse véritable !
Ma parole, les mots vieux et les mots stropiés y vont se faire une barouffe que pas un y sort vivant.

Moi si je veux écrire *mendja caga, tchalifes, salaouetche* bien comme y commande le dictionnaire, qui c'est qui m'empêche, allez !

Pourvur que tous y comprennent c'est tout ça qui faut.

Des fois quand on s'écrit des mots difficiles, on tombe juste ; des autes fois, il y manque un peu, une miquette d'*m,* un ou deux *p,* une demi-douzaine des *r.*

Pour que les mots y soient propes, moi je me connais un truc que pas un il a encore endeviné.

Quand vous savez pas bien un mot, vous y comptez les lettres, et si une elle s'a tiré du milieu, vous vous la mettez à la queue ou à la tête. Comme ça soi-soi et personne y peut rien dire.

Mais moi à présent je laisse que les lettres elles s'arrangent comme ça l'y fait plaisir. C'est mieur que tout.

Çuilà qu'il est pas content, qui parle ; j'y sors les rognons qu'il a dedans la pantcha !

Musette (Gabriel Robinet), *Les Amours de Cagayous,* Pochades algériennes, I, éd. Baconnier, 1969

Oral et écrit : deux langues différentes

Poète et romancier novateur, Raymond Queneau est devenu le grand provocateur de la langue française, en commençant Zazie dans le métro *par cette célèbre phrase écrite phonétiquement :* doukipudonktan ? *Ses idées sur le français, qui ont fait couler beaucoup d'encre, demeurent stimulantes.*

Georges Charbonnier. – Raymond Queneau, vous êtes écrivain. Comment pourrait-on définir le français ? Qu'est-ce que le français pour vous, et qu'est-ce que ce terme « le français » évoque ? [...]
Raymond Queneau. – Il y a deux plans différents ; il y a un plan qui est celui de l'objectivité, je dirai la banalité, c'est ce qu'enseigne somme toute la linguistique sur le français ; le deuxième plan, c'est, évidemment, ce qu'on a envie de faire, ce qui est le français... pour soi.

Sur le premier plan, je crois que c'est vraiment une banalité que de dire que le français écrit est une chose totalement différente du français parlé ; « totalement » doit être pris dans son sens fort ! Il ne faut pas croire que le français parlé et le français écrit sont deux variantes ; ce sont deux langues différentes, presque aussi différentes que le français et le latin.

Ce n'est pas du tout un paradoxe de ma part, je ne suis ni le responsable ni l'auteur de cette théorie qui a été enseignée, il y a trente ans, par Vendryes dans son livre sur le langage qui m'a beaucoup influencé, et je viens de la relire dans le livre que vient de publier André Martinet sur la linguistique générale, où il exprime exactement les mêmes idées. [...] il y a une illusion de la part des personnes qui parlent le

Raymond Queneau lors du lancement d'*Exercices de style*.

français. [...] Les personnes qui ne sont pas averties croient qu'il faut entendre par français parlé l'argot, ou les simili-argots. Mais il ne s'agit pas du tout de ça ! C'est que les personnes qui croient s'exprimer dans un français correct ne le font pas du tout ! Seulement elles ne s'en rendent pas compte ; elles utilisent une syntaxe qui n'est pas du tout celle qu'on enseigne à l'école. [...] je parle de personnes qui, lorsqu'elles écriront le français, l'écriront correctement ; mais quand elles parlent, elles parlent comme vous et moi, c'est-à-dire d'une façon qui est très éloignée du français écrit. Naturellement il y a toute une gamme, il y a des variantes, depuis le français extrêmement modifié jusqu'à ce français parlé qui est celui, disons, de la radio et de la télévision, qui est un français qui essaie de se rattacher au français dit correct, et qui effectivement a une espèce d'influence retardatrice, de frein, sur l'évolution du français. […] Il me semble en effet que le développement des moyens de communication purement auditifs ajoute à l'illusion que le français écrit et le français parlé sont la même langue, alors qu'en réalité ce sont deux langues différentes.

[…] Évidemment, c'est un peu choquant pour des personnes qui sont de bonne foi et qui croient parler le français et qui souhaitent qu'on parle français, de leur dire qu'en fait elles ne parlent pas le français, et que, lorsqu'elles écrivent, c'est comme les Francs mérovingiens quand ils écrivaient le latin. Ils écrivaient un mauvais latin, un très mauvais latin, comme maintenant on écrit somme toute, d'une façon générale, un assez mauvais français. Alors on pourrait dire à cela : eh bien ! enseignons le français encore d'une façon plus puriste, enseignons-le comme une langue vraiment morte.

[…] lorsqu'on écrit le français parlé, il est bien évident que ce qui est écrit n'est jamais une notation phonographique du langage parlé ; c'est pour cela qu'au lieu de « français parlé » j'aimerais mieux dire « néo-français » ou quelque chose comme cela ; il est écrit, et, en étant écrit, il devient l'objet et le sujet des mêmes règles et de la même élaboration littéraire qu'une autre langue, c'est-à-

dire qu'il y a aussi bien des valeurs de style en français parlé, ou néo-français, qu'en français écrit ou français dit classique. Ce n'est pas uniquement de la phonographie, c'est, si vous voulez, écrire une autre langue française, un autre français parce que sa syntaxe et son vocabulaire sont très différents de la syntaxe et du vocabulaire du français disons officiel.

[…] Il faut changer de notation, parce que la syntaxe du français actuel n'a plus beaucoup de rapport avec la syntaxe du français écrit. On prétend que le pluriel se fait en « s », mais quand on dit… je lis là… « anthologie des jeunes auteurs »… eh bien le pluriel ne se fait pas en « s », le pluriel d'« auteur » dans ce cas, c'est « zauteur » ; c'est mettre un « z » au début. Tout cela est d'ailleurs fort bien expliqué dans tous les ouvrages de linguistique sur l'évolution de la langue française. Il y a une chose aussi qui me paraît notable, c'est le côté agrégatif, la tendance du français actuel à condenser plusieurs mots, à les dire d'une seule traite. D'ailleurs, le français est une langue qui se prononce très vite en général, on a tendance à agglomérer les mots, et c'est une source de dérivation dans le français moderne ; le français a toujours souffert de ne pouvoir dériver des mots que très difficilement, et parfois pas du tout ; d'« eau », par exemple, l'eau qui coule, l'eau qu'on boit, etc. eh bien on ne peut pas en tirer d'adjectif.

G. C. – Ou il faut passer par le latin.

R. Q. – Et par le grec. C'est quand même un signe de pauvreté dans une langue.

Raymond Queneau,
Entretiens avec Georges Charbonnier,
Paris, Gallimard, 1962

La guerre des patois

Dans l'expérience intime et familiale de nombreux Français, la disparition progressive de l'« autre langage », identifié aux origines rurales et à l'identité régionale, demeure comme un deuil du passé. Trois témoignages, trois ressentis et trois vécus différents selon que cet « autre langage » est une langue combattue par le pouvoir central ou un dialecte déprécié, un « patois ».

L'école parle français, l'Église parle breton

Pierre-Jakez Hélias a dix ans en 1924. Il vit à Pouldreuzic, en pays Bigouden, dans une famille d'ouvriers agricoles exclusivement bretonnants. Enfant, il ne parlait que breton, langue bannie de l'école de la République, où il doit apprendre le français… Il raconte son enfance, en breton puis en français, dans Le Cheval d'orgueil *(1975), livre qui connaîtra un succès planétaire.*

[Mes parents] en disent beaucoup trop pour que je puisse comprendre, mais c'est parce qu'ils comptent sur moi pour honorer les *Rouges* [les Républicains] et d'abord eux-mêmes. Je me jure de faire mes sept possibles. Si seulement il n'y avait pas tout ce français à apprendre, je pourrais commencer tout de suite. Mais l'école, qui est à la République, parle français tandis que l'Église, qui est blanche, parle breton. Vous voyez bien. Il n'y a pas à en demander plus. D'ailleurs, dit grand-père, quand vous irez voir votre oncle Corentin à Paris, boulevard Voltaire, vous n'entendrez que du français. Les gens de là-bas ne savant pas parler autrement. Si vous ne parlez pas comme eux, vous serez aussi gêné que madame Poirier, la buraliste devant l'église, qui entend à peu près le breton mais qui ne sait pas du tout s'en servir. Si elle n'était pas la seule à vendre du tabac, elle ne verrait jamais personne, la pauvre femme. Voilà ce que c'est que de vivre dans un pays dont on ne peut pas fréquenter les gens. – Mais je ne demande pas mieux que de rester ici, grand-père ! – Justement, parce que vous ne savez pas encore le français. Quand vous le parlerez aussi bien que Monsieur Le Bail, vous aurez envie d'aller ailleurs.

[…] Avec le français on peut aller partout. Avec le breton seulement, on est attaché de court comme la vache à son pieu. Il faut toujours brouter autour de la longe. Et l'herbe du pré n'est jamais grasse.

[…] J'attendrai donc d'aller à l'école pour faire connaissance avec la République rouge. Dommage qu'elle parle français. Dans le livre de la *Vie des Saints* qui est écrit en breton, en m'aidant des leçons d'Alain Le Goff, j'arrive déjà à reconnaître quelques mots, surtout les noms de personnages. Et puis, ma mère le lit un peu certains soirs, à haute voix, en suivant la ligne avec le doigt de la bouillie [l'index], moi derrière elle, essayant de mettre des sons sur la balle de blé noir des signes. Mais je n'ose pas trop manœuvrer le livre français de Monsieur Larousse qui reste à demeure sur l'appui de la fenêtre.

[...] L'entrée à l'école ne se fait pas sans appréhension le premier jour. À peine la barrière franchie, nous voilà dans un autre monde. C'est un peu comme à l'église, mais beaucoup plus déconcertant. À l'Église, on parle, on chante en breton, le catéchisme est en breton. Si le curé débobine du latin, du moins ne nous demande-t-il pas de l'apprendre. À l'école, nous n'entendons que du français, nous devons répondre avec les mots français que nous attrapons. Sinon, nous taire. Nous lisons, nous écrivons en français. Si nous n'avions pas chez nous des livres de messe, de catéchisme et de cantiques en breton, outre la *Vie des Saints*, nous serions fondés à croire que le breton ne s'écrit pas, ne se lit jamais.

[...] Le recteur et le vicaire nous parlent toujours en breton bien qu'ils soient capables de discourir en français, dit-on, aussi bien que les avocats de Quimper. Les instituteurs ne parlent que français bien que la plupart d'entre eux aient appris le breton quand ils avaient notre âge et le parlent encore quand ils rentrent chez eux. D'après mes parents, ils ont des ordres pour faire comme ils font. Des ordres de qui ? Des «gars du gouvernement». Qui sont ceux-là ? Ceux qui sont à la tête de la République. Mais alors, c'est la République qui ne veut pas du breton ? Elle n'en veut pas pour notre bien. Mais vous, mes parents, vous parlez jamais français. Personne dans le bourg ni à la campagne ne parle français,

Défense de parler breton dans l'école de la République.

à part cette malheureuse madame Poirier. Nous n'avons pas besoin de le faire, disent les parents, mais vous, vous en aurez besoin. Il y a encore des vieux qui ne savent ni lire ni écrire. Ils n'avaient pas besoin de le savoir. Nous, nous avons eu besoin. Et besoin aussi de parler le français à l'occasion. Seulement à l'occasion. Vous, vous en aurez besoin tout le temps. Qu'est-ce qui s'est passé, alors ? C'est le monde qui change d'une génération à l'autre. Et qu'est-ce que je vais faire de mon breton ? Ce que vous en faites maintenant avec ceux qui le savent, mais il y en aura de moins en moins.

Pierre Jakez-Hélias,
Le Cheval d'orgueil,
Terre Humaine, Plon, 1975

«Nous parlions tous patois»

Romancier, philologue et chroniqueur littéraire, Claude Duneton est né en Corrèze dans une famille paysanne très humble. Enfant, il vit près de Brive, où il côtoie des enfants qui ne parlent

que l'occitan. En 1973, il publie
Parler croquant, *dans lequel il raconte,*
entre autres, l'école de son enfance.
« Ma thèse, dit-il, est que la langue
française, contrairement à l'anglaise
ou à l'espagnole, n'est pas une langue
populaire. Elle a été développée pendant
trois siècles au sein de la bourgeoisie
élitiste, puis imposée d'en haut à
l'ensemble des Français. Elle ne sort pas
de l'humus, il lui manque un vocabulaire
rural. »

[…] un des nouveaux s'est fait
remarquer. Il était tout petit, vif, rieur,
pas intimidé du tout par sa première
visite ; l'institutrice l'a tout de suite
appelé « Trois-Pommes ». Nous étions
tous rassemblés devant la classe, qu'il
faisait encore le clown en dehors de la
file. Il trouvait cela cocasse de voir tout
le monde agglutiné, il n'avait pas saisi le
sens du cérémonial. La demoiselle lui
expliquait gentiment qu'il devait se
mettre sur le rang comme les autres,
mais il se rebiffait : « *Qué me vòl ?* »
répétait-il (« Qu'est-ce qu'elle me
veut ? »). C'était le fou rire général sur
le rang, parce que voilà : Trois-Pommes
ne connaissait pas un seul mot de
français. Sa grande sœur tâchait de faire
l'interprète.

[…] Je regardais Trois-Pommes avec
étonnement. Pour lui non plus ça ne
commençait pas tellement bien. Nous
avions six ans tous les deux. Il venait
d'un autre hameau, dans les bois, et
j'avais sûrement dû le voir à la messe,
plusieurs fois, mais on ne nous avait
jamais présentés.

Ce fut là mon premier étonnement
sur le langage – j'en ai eu plusieurs
depuis. Certes, nous parlions tous patois,
les conversations sur la route ne
s'étaient pas faites autrement. Moi un
peu moins que les autres parce qu'à

deux ans une maladie grave m'avait
valu un long séjour dans un hôpital à
Paris. J'avais donc par hasard appris à
parler français en premier lieu et mes
parents avaient continué sur cette
lancée. Cependant, tous les enfants
passaient automatiquement au français
dès qu'ils étaient dans la cour de l'école
– Trois-Pommes me paraissait bizarre de
ne pas même comprendre « la langue
comme il faut ». Ce que je ne savais pas,
c'est que la chose était naturelle à
l'époque, qu'il était fréquent qu'un
enfant arrive à l'école sans connaître
autre chose que le patois – de plus en
plus fréquent du reste à mesure qu'on
remontait dans le temps : trente ans
avant nous, c'était tous les enfants qui
arrivaient ainsi pour leur premier matin
de classe. Puis, de génération en
génération, ils apprenaient un peu le
langage entre cinq et six ans, surtout
après la guerre de 14-18. En fait, Trois-
Pommes et moi, nous représentions
symboliquement, et sans nous en
douter, le tournant du siècle : en ce
matin d'avril 1941 j'étais là, devant la
classe, le premier enfant de la commune
à se présenter dont le français était la
langue maternelle ; il était, lui, le dernier
qui arrivait à l'école sans en connaître
un seul mot. Trois-Pommes, c'était un
peu, en quelque sorte, le dernier des
Mohicans…

Claude Duneton,
Parler croquant,
Paris, Stock, 1973

**« Tout ce qui touche au langage est dans
mon souvenir motif de rancœur et de
chicanes »**

Agrégée et professeur de lettres
modernes, Annie Ernaux est née dans un
milieu social plutôt modeste et a passé
son enfance dans le café-épicerie de ses

parents à Yvetot, en Normandie. Dans
La Place, elle évoque l'ascension sociale
de ses parents, d'abord ouvriers, puis
petits commerçants. Elle insiste sur la
question de la langue de ce monde
ouvrier et paysan normand qui a été le
sien jusqu'à l'âge de dix-huit ans, âge
auquel elle a commencé, à son tour, à
s'élever socialement.

Le patois avait été l'unique langue de
mes grands-parents.

Il se trouve des gens pour apprécier
le «pittoresque du patois» et du français
populaire. Ainsi Proust relevait avec
ravissement les incorrections et les mots
anciens de Françoise. Seule l'esthétique
lui importe parce que Françoise est sa
bonne et non sa mère. Que lui-même n'a
jamais senti ces tournures lui venir aux
lèvres spontanément.

Pour mon père, le patois était quelque
chose de vieux et de laid, un signe
d'infériorité. Il était fier d'avoir pu s'en
débarrasser en partie, même si son
français n'était pas bon, c'était du
français. Aux kermesses d'Y..., des forts
en bagout, costumés à la normande,
faisaient des sketches en patois, le public
riait. Le journal local avait une
chronique normande pour amuser les
lecteurs. Quand le médecin ou n'importe
qui de *haut placé* glissait une expression
cauchoise dans la conversation comme
«elle pète par la sente» au lieu de «elle
va bien», mon père répétait la phrase du
docteur à ma mère avec satisfaction,
heureux de croire que ces gens-là,
pourtant si chics, avaient encore quelque
chose de commun avec nous, une petite
infériorité. Il était persuadé que cela leur
avait toujours paru
impossible que l'on puisse parler «bien»
naturellement. Toubib ou curé, il fallait
se forcer, s'écouter, quitte chez soi à se
laisser aller.

Bavard au café, en famille, devant les
gens qui parlaient bien il se taisait, ou il
s'arrêtait au milieu d'une phrase, disant
«n'est-ce pas» ou simplement «pas»
avec un geste de la main pour inviter la
personne à comprendre et à poursuivre
à sa place. Toujours parler avec
précaution, peur indicible du mot de
travers, d'aussi mauvais effet que de
lâcher un pet.

Mais il détestait aussi les grandes
phrases et les expressions nouvelles qui
ne «voulaient rien dire». Tout le monde
à un moment disait: «Sûrement pas» à
tout bout de champ, il ne comprenait pas
qu'on dise deux mots se contredisant.
À l'inverse de ma mère, soucieuse de
faire évoluée, qui osait expérimenter,
avec un rien d'incertitude, ce qu'elle
venait d'entendre ou de lire, il se refusait
à employer un vocabulaire qui n'était
pas le sien.

Enfant, quand je m'efforçais de
m'exprimer dans un langage châtié,
j'avais l'impression de me jeter dans
le vide.

Une de mes frayeurs imaginaires,
avoir un père instituteur qui m'aurait
obligée à bien parler sans arrêt, en
détachant les mots. On parlait avec
toute la bouche.

Puisque la maîtresse me «reprenait»,
plus tard j'ai voulu reprendre mon père,
lui annoncer que «se parterrer» ou
«quart moins d'onze heures»
n'*existaient pas*. Il est entré dans une
violente colère. Une autre fois:
«Comment voulez-vous que je ne me
fasse pas reprendre, si vous parlez mal
tout le temps!» Je pleurais. Il était
malheureux. Tout ce qui touche au
langage est dans mon souvenir motif
de rancœur et de chicanes douloureuses,
bien plus que l'argent.

Annie Ernaux,
La Place, Gallimard, 2008

« Tordre la langue »

Parmi les problèmes les plus souvent évoqués à propos du français, on peut citer la crise de l'orthographe et l'apparition de nouveaux codes écrits, avec Internet ou les téléphones portables. À l'aube du XXIe siècle, une tentative d'analyse de ces nouvelles situations langagières, sous un intitulé trompeur : Parlez-vous Texto ?*, alors qu'il s'agit seulement de l'écrire. Cette évolution révèle en fait une nouvelle répartition entre l'écrit et l'oral.*

Un « nouveau langage » pas si iconoclaste qu'il n'y paraît. Juste un « melting-script »

Le « langage texto » s'inspire largement du « langage internet », car le monde de l'internet et celui de la téléphonie mobile s'interpénètrent : un texto peut transiter par l'internet, et nous nous rapprochons à grand pas de la fusion entre l'ordinateur et le téléphone (mobiles UMTS dits de troisième génération).

Ce chapitre traitera donc des méthodes utilisées pour « tordre » le langage classique. La première des règles consiste à trouver des procédés assez généraux pour pouvoir être mémorisés, aussi touchent-ils en général les mots les plus fréquents et les formules récurrentes. Par exemple : le k à la place du qu s'utilise principalement dans les mots relatifs et interrogatifs : ki, ke, koi, kel et dans la foulée il remplacera le *c* dans *comment : koman.* Il y a a – évidemment – nombre d'exemples anglais [...] parce que cette langue est encore dominante sur l'internet [...].

Qu'on le regrette ou qu'on s'en rassure, ce « nouveau langage » n'est pas aussi iconoclaste qu'il y paraît à première lecture. Ses racines puisent dans divers modes d'écriture de différentes civilisations, parmi les plus anciennes et les plus fertiles intellectuellement, en leur empruntant l'usage des idéogrammes, des rébus ou même [de la] réduction des mots aux consonnes… Elles puisent aussi dans des pratiques plus modernes comme le verlan ou l'art de couper les mots. À partir de là, ses adeptes créent un *melting-script*, qui demande un minimum de décryptage pour le non-initié.

De « mort de rire » à mdr !, l'art du recyclage...

Si on compare notre écriture aux systèmes d'autres civilisations à base d'idéogrammes (les linguistes préfèrent le terme de logogrammes), et [de signes] syllabiques, l'avantage du petit nombre des unités de base est mécaniquement compensé par l'inconvénient de l'allongement des messages.

[...] Le symbole appelé arobase (@), logogramme s'il en est, universellement utilisé et reconnu dans l'univers internet, en anglais *arobace*, a des origines controversées. Il est utilisé en anglais commercial ou technique comme abréviation [sic] de *at* (=à), d'où la dénomination «*a commercial*». Dans les adresses électroniques, on aurait dû l'oraliser en français par «à», mais les initiés le lisent en anglais : «*at*» et la plupart des utilisateurs «arobase». Les francophones le réutilisent dans @ + pour transcrire la formule familière de «salut à plus». [...] Quand on abrège un mot en ne gardant que son initiale, M. pour Monsieur, on reprend le principe logographique. Beaucoup d'abréviations existaient déjà en latin, qui nous ont légué p. (*pagina*, page) et cf. (*confer*, se reporter à). Avec les sigles, on systématise ce procédé : SPQR (*Senatus Populusque Romanus*, le Sénat et le peuple romain) symbolisait déjà sur les monuments la grandeur de Rome. La multiplication des institutions de toutes sortes a entraîné la prolifération des SNCF et autres SMS !

Les Anglo-Saxons sont-ils plus sentencieux que les francophones ? Toujours est-il qu'ils affectionnent certaines formules de la conversation, au point de les transformer en sigles.

CMMIIW, *Correct me if I'm wrong*, corrigez-moi si je me trompe !
On trouve sur tous les chats francophones des sigles empruntés à l'anglais, le plus connu et le plus usité étant *LOL, Laughing Out Loud*, je ris bien fort ! qui peut connaître des variantes comme lolol. Vous rencontrerez aussi BRB, *Be Right Back*, je reviens de suite ! »

[...] Françoise Gadet, sociolinguiste spécialiste de l'oral et de l'évolution du français contemporain, n'y voit [dans le SMS] que la prolongation d'un phénomène plus ancien : «Depuis la fin du XIXe siècle, toutes les nouvelles technologies qui touchaient à l'usage de la langue et/ou de la parole ont eu des effets sur les relations oral/écrit, aussi bien le téléphone que l'Internet, même si elles ne jouent pas de la même manière. Le téléphone, la radio ou la télévision, donnent la possibilité d'être confronté à des manières de parler hors de l'entourage immédiat. Cela n'a probablement pas beaucoup d'effets sur la façon de parler, mais sur les représentations de la langue. Le téléphone, c'est l'interaction *in absentia* (je parle à quelqu'un mais je suis seul). Internet, c'est encore autre chose, puisque c'est de l'écrit strictement privé, mais sans guère d'idée de possible conservation comme pouvait avoir la lettre. La norme s'affaiblit, on est dans l'immédiateté comme à l'oral. » Cette évolution est également constatée dans les usages professionnels. [...]

Parlez-vous Texto ?,
Guide des nouveaux langages du réseau,
sous la direction de Jacques Anis,
Le Cherche-Midi éditeur, 2001

BIBLIOGRAPHIE SÉLECTIVE

On se reportera aussi aux dictionnaires anciens et modernes décrivant une époque ou un aspect de la langue, à commencer par ceux de l'Académie française (de 1694 au XXIe siècle), de Littré, etc., et aux principaux dictionnaires d'étymologie et d'histoire des mots, tel celui de Walther von Wartburg. On n'a pas inclus non plus les « grammaires historiques » du français.

– Antoine, G., et Martin, R. (dir.), *Histoire de la langue française, 1880-1914*, Paris, Éd. du CNRS, 1985 ; *Histoire de la langue française, 1914-1945*, Paris, Éd. du CNRS, 1995 / Antoine G., et Cerquiglini, B., *Histoire de la langue française, 1945-2000*, Paris, Éd. du CNRS, 2000.
– Balibar, R., *L'Institution du français*, Paris, PUF, 1985.
– Banniard, M., *Du latin aux langues romanes*, Paris, Nathan, 1997.
– Bouthillier, G., et Meynard, J., *Le Choc des langues au Québec, 1760-1970* [anthologie], Québec, Presses universitaires, 1972.
– Brun, A., *Recherches historiques sur l'introduction du français dans les provinces du Midi*, Paris, Champion, 1923 ; *Parlers régionaux ; France dialectale et unité française*, Paris, Didier, 1946.
– Bruneau, C., *Petite histoire de la langue française*, Paris, Armand Colin, 2 vol., 1966.
– Brunot, F., *Histoire de la langue française des origines à 1900*, Paris, Armand Colin, 18 vol., 1905-1937 (rééd. 1966).
– Calvet, L.-J., *Linguistique et colonialisme*, Paris, Payot, 1974 (rééd. 2002) ; *L'Argot*, Paris, PUF, Que sais-je ?, 1994.
– Cerquiglini, B., Corbeil, J-C., Klinkenberg, J-M., et Peeters, B., *Les langues de France*, Paris, PUF, 2003 ; Cerquiglini, B. (dir.) *Le français dans tous ses états*, Paris, Flammarion, 2004.
– Chaudenson, R., *Les Créoles*, Paris, PUF, Que sais-je ?, 1995.
– Chaurand, J. (dir.), *Nouvelle histoire de la langue française*, Paris, Le Seuil, 1999.
– Chervel, A., *Histoire de la grammaire scolaire… et il fallut apprendre à écrire à tous les petits Français*, Paris, Payot, 1977.
– Cohen, M., *Histoire d'une langue, le français*, Paris, Éditions sociales, 1955 (rééd.)
– Dauzat, A., *Les Étapes de la langue française*, 1968 (2e éd.).
– Désirat, C., et Hordé, T., *La langue française au XXe siècle*, Paris, Bordas, 1976.
– Droixhe, D., *Histoire de la langue française*, Bruxelles, Presses universitaires, 1978.

– François, A., *Histoire de la langue française cultivée*, Genève, Jullien, 1959.
– Frey, M., *Les transformations du vocabulaire français à l'époque de la Révolution*, Paris, 1925.
– Fumaroli, M., *Quand l'Europe parlait français*, Paris, de Fallois, 2001.
– Gohin, F., *Les transformations de la langue française pendant la deuxième moitié du XVIIIe siècle (1740-1789)*, Genève, Slatkine, 1970 (1re éd. 1903).
– Gordon, D. C., *The French Language and National Identity*, La Haye, Morton, 1978.
– Gougenheim, G., *Les Mots français dans l'histoire et dans la vie*, 3 vol., Paris, Picard, 1967, 1968, 1975 (rééd. 2009).
– Guiraud, P., *Le français populaire*, Paris, PUF, Que sais-je ?, 1965 ; *Structures étymologiques du lexique français*, Paris, Larousse, 1967 ; *Patois et dialectes français*, Paris, PUF, Que sais-je ?, 1968.
– Hagège, C., *Le français et les siècles*, Paris, Odile Jacob, 1987 ; *Le français, histoire d'un combat*, Paris, Livre de Poche, 1996.
– Huchon, M., *Histoire de la langue française*, Paris, Livre de Poche, 2002.
– Lanly, A., *Le français d'Afrique du Nord*, Paris, PUF, 1962.
– Lodge, A., *Le français, histoire d'un dialecte devenu langue*, trad. française, Paris, Fayard, 1997.
– Longeon, C., *Premiers combats pour la langue française* [anthologie], Paris, Livre de Poche, 1989.
– Lusignan, S., *Parler vulgairement : les intellectuels et la langue française aux XIIIe et XIVe siècles*, Montréal, Presses universitaires, 1986.
– Mackenzie, F., *Les Relations de l'Angleterre et de la France d'après le vocabulaire*, 2 vol., Paris, Droz, 1939.
– Marchello-Nizia, Ch., *Le français en diachronie : douze siècles d'évolution*, Paris, Ophrys, 1999.
– Matoré, G., *Le vocabulaire et la société sous Louis-Philippe*, Genève et Lille, Droz-Giard, 1951 ; *Histoire des dictionnaires français*, Paris, Larousse, 1968 ; *Le vocabulaire et la société au XVIe siècle*, Paris, PUF, 1968 ; *Le vocabulaire et la société médiévale*, Paris, PUF, 1985.
– Meschonnic, H., *De la langue française*, Paris, Hachette, 1997.
– Nora, P. (dir.), *Les Lieux de mémoire* (notamment La Nation, 3, « Les mots »), Paris, Gallimard, 1992.
– Picoche, J., et Marchello-Nizia, C., *Histoire de la langue française*, Paris, Nathan, 1994.
– Pope, M. K., *From Latin to Modern French* […], Manchester University Press, 1952 (2e éd. 1982).
– Posner, R., *Linguistic Change in French*, Cambridge University Press, 1997.

– Pruvost, J., *Les dictionnaires français, outils d'une langue et d'une culture*, Paris, Ophrys, 2006.

– Quemada, B., *Les dictionnaires du français moderne, 1539-1863*, Paris, Didier, 1968.

– Rey, A., *L'Amour du français*, Paris, Denoël, 2007.

– Rey, A., Siouffi, G., et Duval, F., *Mille ans de langue française*, Paris, Perrin, 2007.

– Rickard, P., *A History of the French Language*, Londres, Hutchinson, 1989 (2e éd.).

– Schlöpter, R. (dir.), *La Suisse aux quatre langues*, Genève, Éd. Zoé, 1985.

– Seguin, J.-P., *La langue française au XVIIIe siècle*, Paris, Bordas, 1977.

– Smith-Thibodeaux, J., *Les francophones de la Louisiane*, Paris, Éd. Entente, 1977.

– Thomas, J.-P., *La langue volée. Histoire intellectuelle de la formation de la langue française*, Berne, Peter Lang, 1989.

– Tritter, J.-L., *Histoire de la langue française*, Paris, Éd. Ellipse, 1999.

– Valdman, A. (dir.), *Le français hors de France*, Paris, Champion, 1979 ; *Le Créole : structure, statut, origine*, Paris, Klincksieck, 1978.

– Wartburg, W. von, *Évolution et structure de la langue française*, Berne, Francke, 1962 (6e éd.).

– Zumthor, P., *Essai de poétique médiévale*, Paris, 1972 ; *La lettre et la voix*, Paris, Le Seuil, 1987.

[La « langue intime »] fait partie de ce que nous sommes, pas de ce que nous avons. Ou mieux : elle nous fait être – si nous la traduisons au plus près, sans trop la trahir. Seulement, rares sont les gens qui se laissent bouleverser, submerger par elle. La plupart se plient aux convenances et aux exigences de l'usage moyen ; ils se satisfont alors des carcans langagiers mis à leur disposition pour bâillonner leur langue intime [...] LA langue française n'est que la moyenne – approximative, irréelle, mensongère – des langues intimes qui palpitent dans le ventre de chaque francophone, que l'écriture standard neutralise et que l'orthographe écroue.

Maximilien TWAGIMURATA, « Libérons nos langues intimes ! » in Vincent Cespedes, *Mot pour mot*, Flammarion, 2007

66bg Charles de Secondat de Montesquieu, *De l'Esprit des lois*, Genève, 1748.

66bd *Dictionnaire historique et critique par Monsieur Bayle*, Rotterdam, 1697.

67h Léonard Defrance de Liège, *À l'Égide de Minerve*, h/bois, 1780. Dijon, musée des Beaux-Arts.

67b Pierre Bayle, *Avis important aux refugiez sur leur prochain retour en France*, Amsterdam, 1690. Paris, BnF.

68h Samuel Champlain, *Les Voyages de la Nouvelle France occidentale, dicte Canada [...]*, Paris, 1632. Worcester, American Antiquarian Society.

68-69 Georges Craig, *La Déportation des Acadiens*, 1893. Université de Moncton, Musée acadien.

70 « Le Mississippi ou la Louisiane dans l'Amérique septentrionale », estampe coloriée, imprimerie Basset, milieu du XVIIIe siècle. Paris, musée de la Civilisation de l'Europe et de la Méditerranée.

70-71 Le Masurier, *Mulâtre avec fillette blanche visitant des noirs dans leur case à Martinique*, h/t, 1775. Paris, ministère de l'Outre-Mer.

71m Jean Baptiste Labat, *Nouveau Voyage aux îles de l'Amérique*, Paris, 1742.

CHAPITRE 4

72 Charles Genty, « Le bobard », dessin, *La Baïonnette*, 6 juillet 1916. Coll. part.

73 Jean-Charles Laveaux, *Dictionnaire raisonné des difficultés grammaticales et littéraires de la langue française*, 1822. Coll. part.

74h Pierre-Joseph Célestin François, *L'Abbé Grégoire*, h/t, 1800. Nancy, Musée lorrain.

74-75 Mots extraits d'une lettre de délation, 1790. Coll. part.

75h Jacques Louis David, *Le Serment du Jeu de Paume*, le 20 juin 1789, h/t. Paris, musée Carnavalet.

76 Henry Emy, « La grande ville », placard lithographié, 1843. Paris, maison de Balzac.

77b Honoré Daumier, « Cours d'histoire naturelle », lithographie. Coll. part.

77hd Honoré de Balzac, *Physiologie de l'employé*, illustration par Trimolet, 1841.

77md James Rousseau, Henry Hemy, *Physiologie du viveur*, 1842. Paris, maison de Balzac.

77bd Louis Huart, *Physiologie du médecin*, illustration par Trimolet. Paris, maison de Balzac.

78h E. Rotgès, *Cours de langue française*, 1896, Paris, Belin. Coll. part.

78m Typo *in* Charles Nodier, *Dictionnaire raisonné des onomatopées françaises*, Paris, 1808. Coll. part.

78-79 « Tableau généalogique des rapports de la grammaire », Paris, P. Renouard, s. d. Paris, BnF.

80b Georges Sand, *Légendes rustiques*, illustration de couverture par Maurice Sand, 1858. Coll. part.

80-81 Edmond Lavrate, « Le conseil municipal d'Escargoville », illustration, *Le Monde Plaisant*, revue de caricature de mœurs, fin du XIXe siècle. Coll part.

82h « Cycles et Sports », exposition nationale, mars 1892, affiche de L. Lefevre. Coll part.

82m *L'Avenir de l'automobile et du cycle*, édition mensuelle, avril 1899.

82b Théâtre du cinématographe Pathé, affiche de Jules-Alexandre Grun. Paris, musée Carnavalet.

82-83 *Grand Dictionnaire universel du XIXe siècle* par Pierre Larousse, 1865-1876. Coll. part.

83m La lettre « Z », *idem*.

84-85h Émile Zola, recueil d'expressions populaires, dossier préparatoire pour *l'Assommoir*. Paris, BnF.

84-85b Aristide Bruant, *Dans la rue, chansons et monologues*, couverture de Théophile Steinlen, 1895. *Ibidem*.

86h Alphabet illustré, imagerie Olivier-Pinot, Épinal, s.d. Coll. part.

86-87b Enquête linguistique en Ardennes, juin-juillet, 1912 : Ferdinand Brunot (à gauche), Charles Bruneau et sa femme,

photographie. Paris, BnF.

87md Université de Paris, Archives de la Parole, Chansons et poésies populaires en patois d'Auvergne, disque Pathé. *Ibidem*.

88b M. Delfico, « Napoléon III prend à l'Italie Nice et la Savoie », caricature, vers 1860.

89h Georges Willame, *Èl Roûse dé Sinte Èrnèle*, drame folklorique wallon, 2 mars 1890, programme de la création. Coll. part.

89b Rodolphe Töpffer, *Voyages en Zig Zag*, 1844. Coll. part.

90h Christophe (Georges Colomb), « Vie et mésaventures du savant Cosinus », histoire en bande, *Le Petit Français*, 1894.

91h Christophe, Les voilà ! » *in* « La famille Fenouillard », *Le Petit Français*, mai 1893.

90-91 Christophe, « On ne pense pas à tout », *in* « Le sapeur Camember ».

92h Société du Parler français au Canada, carte postale, Cie J. A. Langlais et fils, Québec, 1912. Québec, Bibliothèque et Archives nationales-Centre d'archives de Québec.

92-93 Acte impérial, 1848, Canada, extrait des *Statuts refondus du Canada [...]*, Toronto, 1859. Québec, Bibliothèque et Archives nationales.

94 Musette, *Les Amours de Cagayous, pochades*

INDEX

REMERCIEMENTS

L'auteur tient à remercier avec chaleur Anne Lemaire et Isabelle de Coulibœuf pour l'avoir aidé à retordre quelques fils dans les commentaires d'illustrations, les rendant aptes à devenir de vraies «légendes», ce qui signifie «dignes d'être lues». Grand merci à Caterina d'Agostino pour avoir su concrétiser cette abstraction qu'est la langue, sous toutes ses formes vivantes et humaines.

L'éditeur remercie Catherine Bogaert; Pierre Bressan, ministère de la santé, de la jeunesse, des sports et de la vie associative; Pascal Cordereix; Alain Croix; Philippe Lejeune; Paulette Perec et André Ruest, Centre d'archives de Québec et des archives gouvernementales, Québec.

CRÉDITS PHOTOGRAPHIQUES

ÉDITION ET FABRICATION

COLLECTION CONÇUE PAR Pierre Marchand. DIRECTION Elisabeth de Farcy.
COORDINATION ÉDITORIALE Anne Lemaire. GRAPHISME Alain Gouessant.
COORDINATION ICONOGRAPHIQUE Isabelle de Latour.
SUIVI DE PRODUCTION Fabienne Brifault. SUIVI DE PARTENARIAT Madeleine Giai-Levra.
RESPONSABLE COMMUNICATION ET PRESSE Valérie Tolstoï.
PRESSE David Ducreux et Alain Deroudilhe.

LE FRANÇAIS, UNE LANGUE QUI DÉFIE LES SIÈCLES
ÉDITION Isabelle de Coulibœuf.
ICONOGRAPHIE Caterina d'Agostino.
MAQUETTE Pascale Comte.
LECTURE-CORRECTION Pierre Granet et Marie-Paule Jaffrenou.
PHOTOGRAVURE La Station Graphique.

Après des études de lettres et d'histoire de l'art,
Alain Rey a été désigné par Paul Robert pour diriger la rédaction
du *Dictionnaire alphabétique et analogique de la langue française*,
qu'il transforma plus tard en *Le Grand Robert*.
Pour la maison d'édition créée par Paul Robert, il a conçu et dirigé de nombreux ouvrages
lexicographiques, dont *Le Petit Robert* (1967, en collaboration avec Josette Rey-Debove),
le *Dictionnaire historique de la langue française* (1992), le *Dictionnaire culturel
en langue française* (2005, en collaboration avec Danièle Morvan).
Auteur de nombreux livres et articles sur la lexicographie,
la linguistique, la sémantique, le français (*L'Amour du français*, Denoël, 2007),
l'encyclopédisme (*Miroirs du monde*, Fayard, 2007), le théâtre, la bande dessinée
(*Les Spectres de la bande*, Minuit, 1978), il a été pendant treize ans chroniqueur
à France-Inter, continuant cette activité par écrit, dans le *Magazine littéraire*,
dans des recueils (*À mots découverts*, Robert Laffont, 2006,
La Lexi-Com', Fayard, 2008). Il a publié chez Gallimard
Littré, l'humaniste et les mots (réédition en 2008),
Révolution, histoire d'un mot (1989), *Mots de saisons* (Folio-Senso, 2008)
et a collaboré à la série *Lieux de mémoire* (dir. Pierre Nora).

*Dépôt légal : novembre 2008
Numéro d'édition : 149830
ISBN : 978-2-07-034526-7
Imprimé en France par IME*